元気になる！
コミュニケーション術

秋月 枝利子

海鳥社

はじめに

　コミュニケーションがもっと上手にとれていれば……とは誰もが持つ思いです。上手くいっていれば「人生は変わったものになっていた」「誤解されなかった」「こんなに悩むことはなかった」など、続く言葉は様々です。上手なコミュニケーションは、チャンスを増やします。

　コミュニケーションの語源は、ラテン語で「神との交わり」という意味のcommunio（共通の）やcommunicatio（分かちあう）から来ているといわれています。語り合う、心を通わせる、共有する、共感する、または交通機関、通信機関という意味もあります。

　コミュニケーションとは、1人では生きていけない人間がお互いを助けたり、助けられたりするために必要なものといえるでしょう。

　人がどのように考え、行動しているかは、コミュニケーションに表れます。しかし、自分がどのようなコミュニケーションをとっているかは、自分でわかりにくいものです。

　コミュニケーションの現状を改めて見てみましょう。

　「おはようございます」と挨拶されても返せない人。「どうぞ」とドアを押さえてもらっても「ありがとうございます」と言えない人。ぶつかっても「ごめんなさい」と謝れない人。列車やバスの狭い空間に、断りの言葉もなくお尻を押しこんで座る人。職場で上司から名前を呼ばれても「はい」の返事をしない人。お客様の要望を聞かず、自分の都合ばかりを話す接客スタッフ……。

　その人に悪気があるわけではないでしょうが、相手とギャップが起こっていることは間違いありません。

　コミュニケーションギャップとは、自分の伝えたいことが、相手に違う意味で伝わることです。例えば、「やる気はあるのに、無いと思われる」「喜んでいるのに、喜んでいないと思われる」「好きなのに、嫌って

いると思われる」などです。

　コミュニケーションの相手が、自分の人生にとって重要であればあるほど、ギャップの影響は深刻です。ギャップの原因は、もちろん相手にもあるでしょうが、自分自身にもあるのです。

　核家族化の進行、指示・報告・連絡をメールでする企業のシステム、効率優先の企業風土などが一層人と人のコミュニケーションギャップを生みだす背景となっているようです。

　「接遇対応者のストレスを軽くしてあげたい」という要望を受け、ある企業でストレスに強くなるコミュニケーション研修をスタートしたのは、1996年でした。

　それ以来、多くの人を対象に、ストレスとコミュニケーションをテーマに研修してきました。実際の仕事で、コミュニケーションをとるなかで起こっている問題とそのストレスを客観的に見て、それにどのように向き合うか、の研修です。接遇対応者のストレスの一番の原因はお客様からのクレームです。

　クレームの受けとめ方は十人十色で、ストレスを強く感じる人は「情けなくて仕事が嫌になる」「仕事に誇りが持てない」「ムカついて眠れない」と思ったりします。逆に冷静に受けとめる人は「反省や向上のチャンス」あるいは「クレームは制服（会社）に対してのもの、私個人に言われたとは思わない」という傾向にありました。

　研修が進むにつれ自分と違う考えがあることを知り、様々な捉え方を学んだ結果、その人自身も柔軟な受け止め方ができるようになったのでしょう。「クレームがあった日は眠れなかったが、眠れるようになった」という報告もありました。そして、基本的なコミュニケーションを振り返るなかで、自分の言葉不足や態度を反省する人もでてきました。

　接遇の場面での研修でしたが、コミュニケーション力が向上したことで、職場全体や家庭でのコミュニケーションも良好になり、その結果ス

はじめに

トレスの軽減にもなったという予想外の成果もありました。そのことは、私たち講師にとっても大きな喜びになりました。

本書は、読者がコミュニケーション力を向上させることで、ストレスが軽くなり、元気になり、よりよい人生を生きていただくことを願って作成しました。

元気とは、決して勢いあふれることではありません。他者と上手にコミュニケーションを取りながら自分らしさを活かして毎日を過ごしている状態です。

そのため第1章では、客観的に自分の考え方や感じ方を見直し、自分を知ることにしました。第2章では、現状のコミュニケーションを振り返るためのチェックや、より良いコミュニケーションのためのトレーニング方法をお伝えします。第3章では、コミュニケーションの土台となる食生活やお金の管理などの生活習慣を見直します。

コミュニケーションに自信がない人や苦手と感じている方、スキルアップを図りたい方に読んでいただければ、必ず気づくことがあるはずで

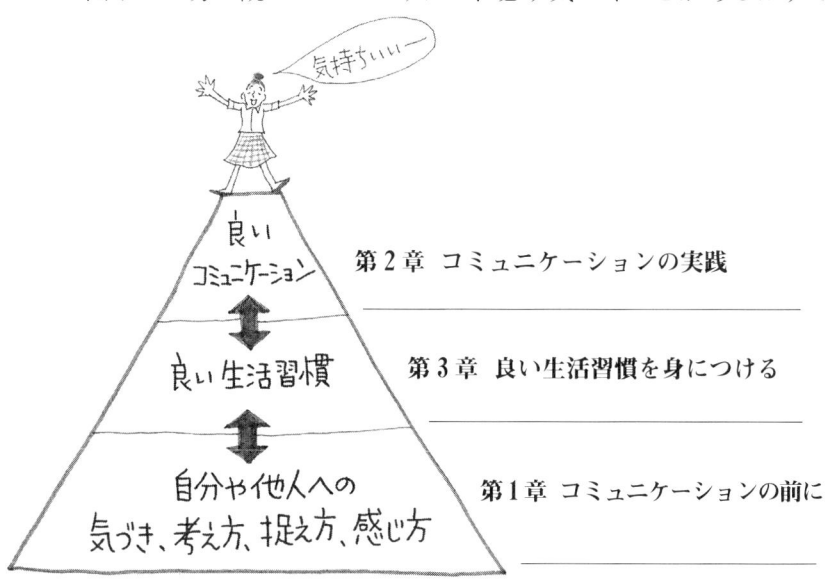

す。また、新入社員、再就職を目差す人、小売店や商業施設のスタッフ、病院や介護施設のスタッフ、指導者の皆様の参考にしていただければ幸いです。

2008年3月18日

秋月枝利子

元気になる！コミュニケーション術
目　次

はじめに 3

第1章　コミュニケーションの前に

自分を知ろう ……………………………………………………… 12
  Step 1　私が求めているゴールを明確にイメージしよう 12
  Step 2　私のＥＱのバランスを見てみよう 14
  Step 3　私の考えや捉え方の癖を知ろう 26
  Step 4　ありたい私のイメージに近づく 31
他者に関心を持とう …………………………………………… 36
  Step 1　ＯＫ牧場で他者との関係を見る 36
  Step 2　私を受け入れよう 38
  Step 3　他者（相手）に関心を持とう 41
一歩踏み出そう ………………………………………………… 43
  Step 1　出会う人すべてを大切にしよう 43
  Step 2　行動の優先順位を人間にする 44
  Step 3　自分の根っこをしっかりさせる 44
  Step 4　プラス思考で一歩踏み出す 46
  Step 5　できることを５Ｗ１Ｈで実践する 48

第2章　生き方上手なコミュニケーション術

たかが挨拶、されど挨拶 ……………………………………… 52
  相手を変えるコミュニケーション 52
  まず挨拶から 53
聞く、聴く、訊くは、利く、効く ……………………………… 63
  聞き上手から始まる 63
  聴く道具は相づち 65

ペースを相手に合わせる　69
　　沈黙を恐れない　69
　　聞く、聴く、訊くことのメリット　70
健康的な姿勢 ……………………………………………………… 71
　　自然な姿勢が良い姿勢　71
　　骨盤を立てる　71
　　座った姿勢で骨盤のチェック　73
身だしなみ ………………………………………………………… 75
笑顔と微笑み ……………………………………………………… 77
　　表情が与える印象　77
　　笑いの医学的効果　78
ボディランゲージ ………………………………………………… 82
　　ボディランゲージを読む　82
　　ボディゾーンを感じる　84
　　ボディランゲージを使う　85
心に触れる音声 …………………………………………………… 88
　　音声は心を伝える力がある　88
　　音声には距離感や方向性がある　89
言葉を大切にする ………………………………………………… 96
　　Step 1　敬語をマスターする　96
　　Step 2　信頼される言葉を使う　101
　　言葉遣いテストの答えと解説　107

第3章　良い生活習慣を身につける

なんとなく疲れを感じるあなた ………………………………… 112
食生活の管理 ……………………………………………………… 114
時間を管理する …………………………………………………… 117

Step 1　1日の時間の使い方を知る　117
　　Step 2　1週間の時間の使い方を知る　118
　　Step 3　1週間の時間の使い方をグラフにしてみる　118
　　Step 4　理想とする時間の使い方とそのための工夫　119
お金の管理　120
　　意識格差が格差社会を作る　120
　　Step 1　予算化する　122
　　Step 2　銀行口座を活用したカンタン管理法　125
　　Step 3　これからの人生の見積り　126
生活環境の管理　130
　　なぜ清掃をするのか　130
　　5つのSで始まる生活環境を整えるポイント　132
　　他人の目で見る、計画する、楽しむ　137
心を元気に　139
　　健康とは　139
　　法則1　五感を大切にする　139
　　法則2　感謝の心を育む　141
　　法則3　「ありがとうございます」をたくさん言う　141
　　法則4　他者の喜ぶことを1日に1つする　142
　　法則5　自然からエネルギーをもらう　144

あとがき　147

第1章
コミュニケーションの前に

自分を知ろう

Step 1　私が求めているゴールを明確にイメージしよう

　自分の望みをかなえたいのはみんなの共通の願いです。望みは人様々です。

　集合写真の中から最初に捜すのは誰ですか。間違いなく自分自身の姿です。誰でも自分に一番興味を持っているのです。しかし、「あなたの望みはなに」の質問にすぐ応えることができる人は少ないのも事実で、意外と自分自身については知らない人は多いものです。

　あなたの望みが達成した状態をゴールとして、あなた自身のゴールについて考えてみましょう。

　例えば、新入社員のゴールは、「一人前に仕事ができるようになる」かも知れません。入社5年目の人は「資格を取る」、30歳を過ぎた人は「結婚」、子育て中の親は「怒鳴らない子育て」、管理職は「部下の育成」、退職を目前にした人は、「充実した第2の人生を送る」などがあり、ゴールの時期も様々でしょう。みなさんのゴールはどんなことでしょうか。

　ゴールの状態のイメージは具体的な方がいいでしょう。イメージができれば、それをできるだけ細かく絵に描き、タイトルをつけてみましょう。

　ゴールの場面には、望みを達成した未来の自分がいることでしょう。今の自分とは違う、成長した自分のはずです。その望みを達成するためにはコミュニケーション能力が不可欠で、その能力が高ければ高いほど、このゴールに楽しく、早く到達できるのです（コミュニケーション能力の向上については第2章参照）。

コミュニケーションの前に

とりあえず
今日の
ゴールは…と

スーパー
お局様
いくわよ!!

あなたのゴールの絵〈タイトル　　　　　　　　　〉

Step 2　私の EQ のバランスを見てみよう

　他人のことはよく見えるけれど、「自分のこと」は自分には見えにくいものです。

　東北を旅した友人がタクシーに乗りました。その運転手さんが「わたすわぁ、方言なんど恥んずかしくってしゃんべれねぇーなぁ。テレビがあるから、すっかりひょうずんごになっちまったさぁ」と言ったそうです。友人の耳には方言にしか聞こえなかったその言葉は、本人は標準語のつもりだったのです。

　自分が思っている自分と、他者から見える自分には必ず差があり、それがストレスの原因になります。この差が大きければ大きいほど、ストレスは大きくなります。

　また、人生の節目には必ず他人から「どう思われているか」を突きつけられる出来事があります。自分の伝えたいことを「的確に発信する」ためにも、相手の言っていることを「正確に受信」するためにも、自分を知ることは重要です。自分を知るとは、自分の価値観や規準、考え、行動や感情の傾向や癖を知ることです。

　自分を客観的に知る方法に自己分析があり、その１つに「心の知能指数」ともいわれているＥＱテストがあります。

　ＥＱとは

　少し前まではＩＱ（知能指数）が高いのは「頭が良い」と同じ意味として考えられ、それは幸せを得ることにもつながると考えられていました。しかし最近ではＥＱ（情動指数）が注目されるようになっています。

　心理学者のピーター・サロベイ（エール大学教授）とジョン・メイヤー（ニューハンプシャー大学教授）は、成功や幸せな人生をもたらす人間の心と行動を研究し、ＥＱ（Emotional Intelligence Quotient）としました。２人の研究によると、幸せと感じている人は、情動指数（ＥＱ）のバ

ランスが良い人です。
　ＥＱは６つの資質が柱になり、六角形の形で表現されます。６つの資質とは次の通りです。

1, 自己認知力………自分の感情や考えを正確に客観的に把握する力
2, 共感力……………他者の気持ちを推し量っておもいやる力
3, 衝動をコントロールする力………自分の怒り、欲求などの衝動をコントロールする力
4, 楽観性……………………物事の明るい面に注目できる力
5, 社会的器用さ………………人間関係の中でトラブルを起こさず相手との関係を保てる力
6, 粘り強さ…………………物事を途中で投げ出さずやり遂げる力

　この６つの資質のバランスは、なんらかの形でコミュニケーションに表れます。
　人とのコミュニケーションが上手くいかないと感じている人は、このバランスが悪いことがあります。まずは次のページの簡単ＥＱテストで、自分の心のバランスを見てみましょう。

６つの資質を６角形で表現する

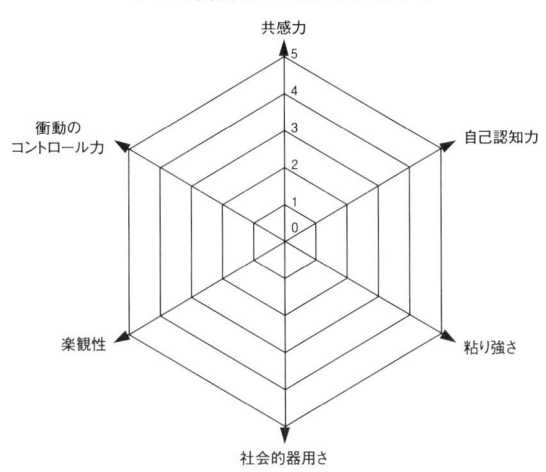

EQテストで簡単自己分析

6つの柱をイメージいただくために、簡単な質問に答えてください。

次の質問で答えが「はい」の場合はチェックマークを入れてください。

1，自己認知力……自分を客観的に把握する力

1	自分の感情を自分の言葉で「嬉しい」「悲しい」などと話すことができる	
2	自分の欠点や長所は、よくわかっているつもりだ	
3	いつでも自分自身を冷静に見つめることができる	
4	「おちこんでいる」や「浮かれている」など、気分の浮き沈みが自分でわかる	
5	自分の性格を、自分でよくわかっていると思う	
	チェック数	

2，共感力……相手の気持ちをおもいやる力

1	人の悩みごとの相談によく乗る	
2	映画やテレビドラマを見ていて、涙をこぼすことがある	
3	他人の心の痛みが、よくわかる方だと思う	
4	悲しい話を聞くと、ついもらい泣きをしてしまう	
5	他人の幸せを喜ぶことことができる	
	チェック数	

3，衝動のコントロール力……怒りや欲求をコントロールする力

1	物事をよく考えてから実行する方である	
2	カッとしても、人や物にあたることはまずない	
3	怒りや悲しみの感情を、自分でコントロールできる	
4	仕事や将来の目標を決めて、きちんと計画を立てて行動している	
5	衝動買いはめったにしない	
	チェック数	

コミュニケーションの前に

4，楽観性……物事の明るい面に注目できる力

1	自分はプラス思考であると思っている	
2	「明日は明日の風が吹く」と思える	
3	人生は結局なんとかなるものだと思っている	
4	反省はするが、失敗をいつまでもクヨクヨと悩むことはない	
5	新しい環境でも、うまくやっていく自信がある	
	チェック数	

5，社会的な器用さ……人間関係を保てる力

1	必要に応じて、周囲の人をうまく仲間にできる	
2	世話役は、いつも進んで引き受ける方である	
3	人間は面白い、色々な人と知り合いになるのが楽しみである	
4	相手に適当に合わせて、人づき合いができる	
5	仮にトラブルが発生しても、問題を解決する能力は高い方だ	
	チェック数	

6，粘り強さ……物事を途中で投げ出さない力

1	自分の決めたことは、最後までやり遂げる方だ	
2	正しいと思うことは、必ず実行する	
3	必要であれば、仕事や勉強を長時間続けることができる	
4	１人でコツコツと仕事をする方だ	
5	趣味や仕事に夢中になって、時がたつのを忘れてしまうことがよくある	
	チェック数	

下図の六角形の線上に中心を0としてチェックの合計点をマークし、そのマークを結んで「私の六角形」を作成してみましょう。

私のEQグラフ

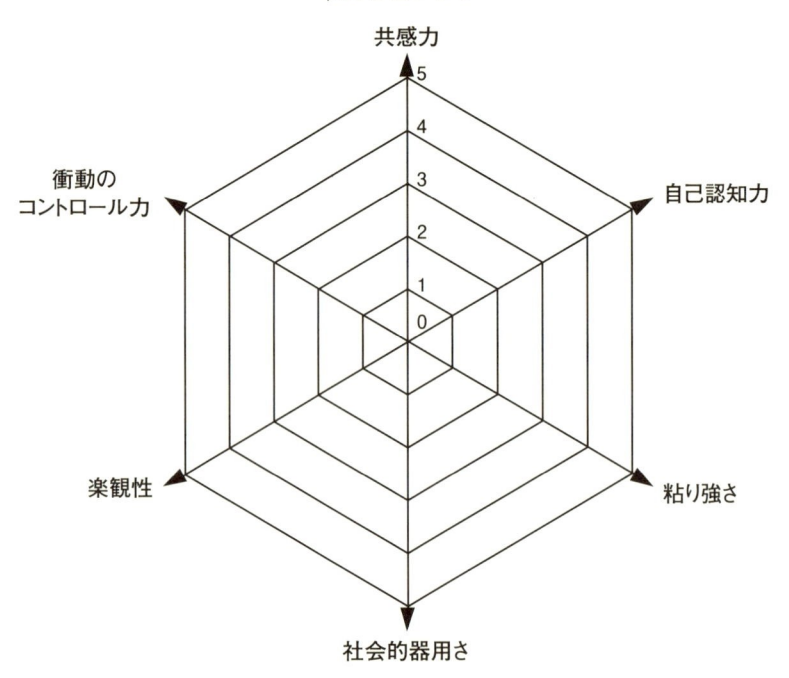

- 共感力
- 自己認知力
- 粘り強さ
- 社会的器用さ
- 楽観性
- 衝動のコントロール力

EQを育成する方法

　大きくて正六角形に近い形がバランスがよいと言えます。六角形が小さかったり、点数の差が大きかったりするとEQのバランスが悪く、コミュニケーションがスムーズに行かないことが多いでしょう。しかし点数の低い資質は育てることができます。低い点数の力を意識してコミュニケーションをすることで、EQをバランスよく育てることができるのです。

①自己認知力がコミュニケーションギャップとして表れる人
　自己認知力の値が、他の５つと比べて低い人。買い物の品選び、進学、進路の選択などの決断がなかなかできない人。指示されれば仕事は進むのですが、「自主的に考えて」と言われるとなにをしてよいのかわからない人。
　「なにをしたらよいかわからない」あなたは、自己認知力を育てる必要があります。
▷育成するためのコミュニケーション
　自己認知力は、生きていく上での大切な要素です。自分自身が「求めているものはなにか」を明確にする必要があります。「私がしたいことはなに」「私にとって大切なことはなに」と自分を客観的に見るもう１人の自分と対話し、考える習慣を持ちましょう。また、利害のない友人、知人、先輩の意見を聞くことも参考になります。ただ、最後の決定は自分でし、自分の決断に責任を持つことが重要です。

②共感力がコミュニケーションギャップとして表れる人
　共感力の値が、他の５つと比べて低い人。悪気はなく「そんなつもりはない」にもかかわらず「あなたの言葉に傷ついた」と言われ、とまど

った経験が何度かある人。「そんなこと絶対ありません」と思っても、あなたの言動がお客様のクレームになった人。

共感力を育成する必要があります。

▷**育成するためのコミュニケーション**

自分と違う相手は「どのように受けとめているか」を想像する習慣を持ちましょう。相手の言葉だけでなく声の調子や態度の変化に気をとめ、サインを読み取る練習をします（第2章「ボディランゲージ」を参照）。

もし、あなたが役職などに就いていて相手より強い立場にいたら、相手の「傷ついた気持ちを訴える言葉」もあなたには届きません。力のある人ほど相手を観察する必要があります。力関係抜きの共感力が大切なのです（第1章「他者に関心を持とう」を参照）。

③**衝動のコントロール力がコミュニケーションギャップとして表れる人**

衝動のコントロール力の値が、他の5つと比べて低い人。喜怒哀楽は感情豊かな人間性の証ですが、時としてトラブルを引き起こします。いわゆる「キレやすい」人も含まれます。「言わなければよかった」「しな

ければよかった」と後悔を繰り返しているあなたは、トラブルにならない程度に感情をコントロールする必要があります。

▷育成するためのコミュニケーション

アメリカの第3代大統領トーマス・ジェファーソンが実践していた怒りの対処法を試してください。

その方法とは、日頃から自分の感情の傾向を知り、どのような時にキレやすいか傾向を把握しておきます。そして、その場に出くわした時には、

⇨まず深呼吸し、衝動をストップする。
⇨深い呼吸を続ける。
⇨心の中でゆっくり1から10まで数える。
⇨相手の気持ちを想像する（共感力）。
⇨相手と自分が穏やかに話している状態を想像する。
⇨相手を非難するのでなく、自分の気持ちを伝える。

自分の気持ちを伝える時、言葉の主語は、「私」です。「（あなたは）どうしてこんなに遅くなったの」といった相手を主語にすると責めるこ

とになります。「私」が主語の「（私は）あなたが事故にあったんじゃないかと心配した」という「私の気持ち」を伝えましょう。

④楽観性がコミュニケーションギャップとして表れる人

　楽観性の値が、他の5つと比べて低い人。良く生きるために反省は必要ですが、物事の明るい面に注目しないと、前に進めません。「何事も物事を悪い方に捉える癖のある人」「過去の失敗の記憶に振り回され、くよくよしている人」は楽観性を育成しましょう。

▷育成するためのコミュニケーション

　1つの思考に陥らないように、他者の考えを聞き、様々な考え方があることを知ってください。ある出来事に「嬉しい」「悲しい」と反応した後は、前向きな考え方を選択してください。時と場合と状況に応じて、あなたはどう考えるかを選ぶことができるのです（第1章「一歩踏みだそう」参照）。

⑤社会的器用さがコミュニケーションギャップとして表れる人

　社会的器用さの値が、他の5つと比べて低い人。いつも誠実に仕事をしているのに、評価されていない人。相手に嫌な気持ちを抱かせることなく、「うまくお願い」「お断り」するのが苦手な人。家族や親しい人に

「あなたは損するタイプ」などと言われる人は社会的器用さを育成した方がよいでしょう。

▷育成するためのコミュニケーション
　１，自分から挨拶をする。
　２，他者の話に一所懸命耳を傾け「そうですね」などと相づちをうつ。
　３，お願いする時は「お手数ですが」などのクッション言葉を使う。
　４，豊かな表情を身につける。
　などの具体的行動が大切です。これらは基本的なコミュニケーションスキルです。

⑥粘り強さがコミュニケーションギャップとして表れる人

　粘り強さの値が、他の５つと比べて低い人、いわゆる「三日坊主」と言われる人です。粘り強さは、誰でも苦手ですから自信を失わないでください。だからこそ、小さなことでも継続すると「成功体験」になり、自信につながります。ゴールに楽しく到達する工夫をし、粘り強さを育成しましょう。

▷育成するためコミュニケーション
　「○○したいと思います」ではなく、「○○します」と自己目標を宣言する。「禁煙宣言」のように他者に向かって声にすると、自分の耳を通

じて、重ねて自分を説得することができます。

　もう1つのポイントは、目標が実現した時の達成感や喜びのイメージを持つことです。

　レモンや梅干をイメージすると、口の中に唾液がでます。イメージは脳を刺激し、身体が反応します。「禁煙が成功した自分」や「スリムな自分」のイメージができれば、より効果は高まるでしょう。イメージの力は強いのです。改めて、あなたの目標とゴールの絵を見直してみましょう。

心は育てられる

　EQで一番大切なのはバランスです。一見、EQを育てるのは難しいことに思えます。しかし、自分の傾向を意識したコミュニケーションをすれば、必ず育てることができます。

　ある研修で、衝動のコントロール力の値が低い新入社員がいましたが、彼はそうは見えませんでした。

　そのことを本人に話しました。すると「僕は本当はキレやすい性格なんです。でも小学生の時の担任の先生から『A君は今のままだと、いつか一生を棒に振ることになるよ』と言われ、トーマス・ジェファーソン

コミュニケーションの前に

大統領の怒りの対処方を教えられました」と言うのです。

なんと彼は小学生の時から、新入社員の今まで十数年間、「ムカッとしたら、心の中で数を数えていた」のです。

「今でも毎日のように、ムカッとしています。でも、7か8まで数えると『なぜ、こんなことでムカッとしたのだろう』と思います。その繰り返しです」と笑顔で言われました。素晴らしい先生と、彼のすがすがしい努力に感動した忘れられない出来事です。

またこんなこともありました。ある研修の休憩時間に、「先生、僕の粘り強さのポイントが0です」と、情けなさそうに訴えてきた人がいました。しかし、その方は55歳の定年まで1つの会社を勤めあげ、再就職

25

までしていました。粘り強さが0であれば、1つの会社に定年まで勤められるはずはありません。自分に厳しい評価をした結果でした。

このように、自己分析の結果は、自分に厳しい評価をする人と、甘い評価をする人で変わってきます。良くても喜ばない、悪くてもがっかりしないで、あくまでも自分を知る手がかりの1つとして、参考にしていただければいいと思います。

Step 3 私の考えや捉え方の癖を知ろう

物事を判断し行動を左右するものには、その人の捉え方・考え方があります。

次の例を見てください。

例……「人に好かれなければならない」という言葉に対してどう思いますか。10段階評価で当てはまる数字に○をし、その根拠をお書きください。

例　人に好かれなければならない

　　そうは思わない　　　　　　　　　　　　強く思う
　　0—1—2—3—4—5—6—7—⑧—9—10

その理由は
　好かれないと物事がスムーズに進まないから。

それでは、次の問題に答えてください。

コミュニケーションの前に

次の1から7の「捉え方、考え方」に対してあなたの捉え方、考え方はどうですか。当てはまる数字に○を付けてください。

1）人を利用すべきではない

　　　　　　　　そうは思わない　　　　　　強く思う
　　　　　　　　0―1―2―3―4―5―6―7―8―9―10

　その理由は

2）お客様はわがままだ　0―1―2―3―4―5―6―7―8―9―10

　その理由は

3）上司はもっと私たちのことを理解すべきだ
　　　　　　　　0―1―2―3―4―5―6―7―8―9―10

　その理由は

4）収入は人の価値を変える
　　　　　　　　0―1―2―3―4―5―6―7―8―9―10

　その理由は

5）失敗すべきではない
　　　　　　　　0―1―2―3―4―5―6―7―8―9―10

　その理由は

6）部下は上司の指示を聞くべきだ
　　　　　　　　0―1―2―3―4―5―6―7―8―9―10

　その理由は

7）年をとるとつまらない
　　　　　　　　0―1―2―3―4―5―6―7―8―9―10

　その理由は

これは、心理学者のロバート・A・ハーパーとアルバート・エリスらが提唱した論理療法ともいわれるカウンセリング理論に基づいています。
　ストレスに陥りやすい人の「捉え方、考え方」の特徴の1つに「白か黒か」「全てか無か」で答えを求める傾向があります。グレーの部分がないのです。濃淡様々なグレーゾーンもあることを受け入れることができればストレスに強くなります。これは自分をなくすこととは違います。自分の考えや価値観をしっかり持ちながら、現実に合わせて言葉・態度・行動を選択するということです。
　具体的には、「○○べき」「○○ねばならない」ではなく、「○○にこしたことはない」と、時と場合と状況に応じて柔軟に考えましょう。
　例題に出した、「人に好かれなければならない」という考え方についてですが、8以上に丸をした人の場合、人から好かれない状況はストレスになるかもしれません。反対に、0から3までですと、人に無関心かもしれません。「好かれるにこしたことはない」と思うと、人に無関心でもなく、嫌われてもそうは傷つきません。
　ストレスが多い人の性格は、真面目で几帳面な傾向があります。だからこそ考え方が固定し、自分で自分を追い込んでしまうのかもしれません。
　ストレスに強くなるコミュニケーション研修では、グループで、各個人が選んだ数字とその理由を発表していただきます。様々な答えを聞くことで、「色々な捉え方、考え方」があると気づきます。様々な考えがあり、どれを選んでもいいと知るだけで、重い心は軽くなります。
　「○○にこしたことはない」という捉え方をすると、心を元気にする「感謝」の気持ちも生まれやすくなります。「○○にこしたことはない」と思っているのに、そのことが実現したら「ラッキー、ありがとう」となりませんか。
　「私の癖」に気づき、捉え方が柔軟になった状態で、もう一度ゴールを思い出してください。あなたの中で、なにかが変わっていませんか。

行動がなにより大切

　感じ方は人によって違うものですから、「捉え方・考え方」や「行動」は、当然人によって違いがでます。例えば「お客様はわがままだ」という質問に対し、同じ「10」の数字に丸を付けた2人の行動が同じとは限りません。1人は「お客様なんてしょせんわがままなものだ。そう思うと腹も立たない」と思い、にこやかに笑えるかもしれません。もう1人は大変なストレスを感じてしまい、怒りに身体を震わせるかもしれません。要は選んだ数字に捉われず、柔軟な捉え方と、より良いコミュニケーションを選択することが大切なのです。

もしあなたに勇気があるなら

　もう1つとっておきの方法があります。ただし、なにを言われても怒らず、謙虚に受けとめる自信のある、衝動のコントロール力の高い方に限ります。

　あなたの周りの立場の違う7人の人を選び、あなたのコミュニケーションへのリクエスト（要望）を聞いてみてください。特にはっきりと意見を言ってくれる家族や、身近な人の意見は貴重です。

　例えば、「もっと納得いくまで説明してほしい」。これは、新入社員が上司や先輩によく望むことです。「もっとゆっくり話してほしい」「もっと私の話も聞いてほしい」なども出てくるでしょう。

　もしかして、「誤解されている」と感じるリクエストもあるかも知れません。それが、コミュニケーションギャップを生む原因と受けとめてください。

私へのコミュニケーションリクエスト

1,　　　　さんから私へ

2,　　　　さんから私へ

3,　　　　さんから私へ

4,　　　　さんから私へ

5,　　　　さんから私へ

6,　　　　さんから私へ

7,　　　　さんから私へ

Step 4 ありたい私のイメージに近づく

　自分と向き合い、「こんな私だった」と、ガッカリしたり、反対に嬉しく思ったりしませんでしたか。その原因は、誰でも持っている「ありたい私」と「自己評価」のギャップです。「ありたい私」に比べて「自己評価」が良ければ嬉しいでしょうし、悪ければガッカリします。その違いが大きければストレスとなります。
　このストレスを減らすには、「ありたい私」のイメージを明確にし、「ありたい私」に近づく努力をすることです。
　言うのは簡単ですが、「早起きする私」や、「他者に優しい私」などイメージが明確になっても、つい自我がでてきてなかなかうまくいかない

ありたい私の 10 のイメージ

1

2

3

4

5

6

7

8

9

10

ものです。「わかっているけれども……できない」のです。粘り強さが試されます。「ありたい私」に近づく努力を助けてくれる2つの方法があります。

目的思考になる

「ありたい私」は、ダイエットが成功した私や、資格試験に合格した私、スムーズなコミュニケーションができている私など様々あるでしょう。その目的を達成するために、自分自身が人生の責任者として主体的に行動するのが「目的思考」です。それは、あたかも恋人に会うための準備のように明るく楽しい、元気がでる行動です。

反対に私たちが嫌な感情に支配されている時の多くは、「原因思考」になっています。原因思考とは、現実が思いどおりにいかない時の原因を自分以外に探すことです。資格試験に合格できないのは、「勉強する時間が無い」、「お金がない」「家族の協力が無い」と、できない理由を事件の犯人を捜すように探します。この考え方は過去に向かい、暗く、自分自身を人生の被害者のようにしてしまうでしょう。もし、「ありたい私」でいたいならば、目的思考を選びましょう。

```
        原因思考              目的思考
 (できなかった理由を探す考え方)  (ゴールを目指す行動)
        犯人捜し ⟷ 恋人探し
    過去にさかのぼる ⟷ 未来に向かっている
    悲しく苦しい・暗い ⟷ 楽しい・明るい
      人生の被害者 ⟷ 人生の責任者
  他人に振り回されている ⟷ 主体性がある
       受動的・受身 ⟷ 行動的
   エネルギーを消耗する ⟷ エネルギーが湧いてくる
     ますます落ちこむ ⟷ 元気が出てくる
      人が動きにくい ⟷ 人が動きやすい
```

原因思考　　　　　　目的思考

深い呼吸で脳を整える

　私たちはイライラしている時や落ち着かない時は、必ず浅い呼吸をしています。また、ドキドキしている状態を静めるために、深呼吸をすることで、心も身体も落ち着くことを私たちの身体は無意識に知っているのです。ですから、「ありたい私」に近づく工夫は、脳を整える深い呼吸を習慣にすることです。脳を整えることは、心と身体を整えることにつながります。

　ここで、脳を整える深い呼吸方を紹介しましょう。熊本市の「ヘルスアートクリニックくまもと」の中原和彦先生が病院で実施している方法です。先生は、お手玉を使って心と身体を元気にする運動もなさっています（中原和彦著『お手玉が癒す心とからだ』海鳥社刊参照）。

　さて、その呼吸方とは、
　①ハンガーにぶら下げたティッシュペーパーが目の前にくるような位置に立つ。
　②肩を上げながら、短く息を吸う。
　③肩をゆっくり下ろしながら、できるかぎり長い時間をかけて息を吐く。

目の前に下がっていたティッシュペーパーが、水平になればOKです。

実際にやってみると、なかなか水平にならず、いかに浅い呼吸で生活しているかを思い知らされます。

10回ワンセットで、1日4セットすれば安眠効果もあるそうです。また他の病院では、全身麻酔の手術を受ける患者さんに深い呼吸（腹式呼吸）の指導を行い、術後の回復に良い結果が出ているそうです。

脳だけでなく身体にも良い、酸素を充分取る深い呼吸を習慣にしましょう。

他者に関心を持とう

Step 1　ＯＫ牧場で他者との関係を見る

　右の図は、私（Ｉ）と他者（Ｙｏｕ）との多種多様な人間関係を４つのエリアでわかりやすく説明したものです。私（Ｉ）と他者（Ｙｏｕ）とのコミュニケーションにおける心のエネルギーを分析する「交流分析」の１つです。４つのエリアを分けたラインが、牧場の柵のように見えるので「ＯＫ牧場」と名づけられました。

　「良い＝ＯＫ」とは、自分に対しても他者に対しても肯定的な態度を表します。自分や相手に対して、安心している、信じている、正しい、巧くいく、優れている、役に立つ、良い、強い、楽しいと感じている状態です。

　「ダメ＝Ｎｏｔ・ＯＫ」とは、自分に対しても他者に対しても否定的な態度を表します。自分や相手を信じられない、不安、巧くいかない、失敗する、ダメ、無知、不器用、弱いと感じている状態です。

　Ａのエリアは「私はダメ・あなたはＯＫ」と感じているエリアです。ダメな私が他者に振り回される傾向があり、自主性が発揮できない状態です。

　Ｂのエリアは「私はダメ・あなたもダメ」と感じている人間関係のエリアです。コミュニケーションの糸口が見つからず、引きこもり状態です。

　Ｃのエリアは「私はＯＫ・あなたはダメ」と感じているエリアです。Ａと反対のケースで、私は良いのですが、相手はストレス状態におかれています。

　Ｄのエリアは 「私はＯＫ・あなたもＯＫ」で、互いに心地良いコミュニケーションの状態で、目指したいエリアです。

OK牧場の図

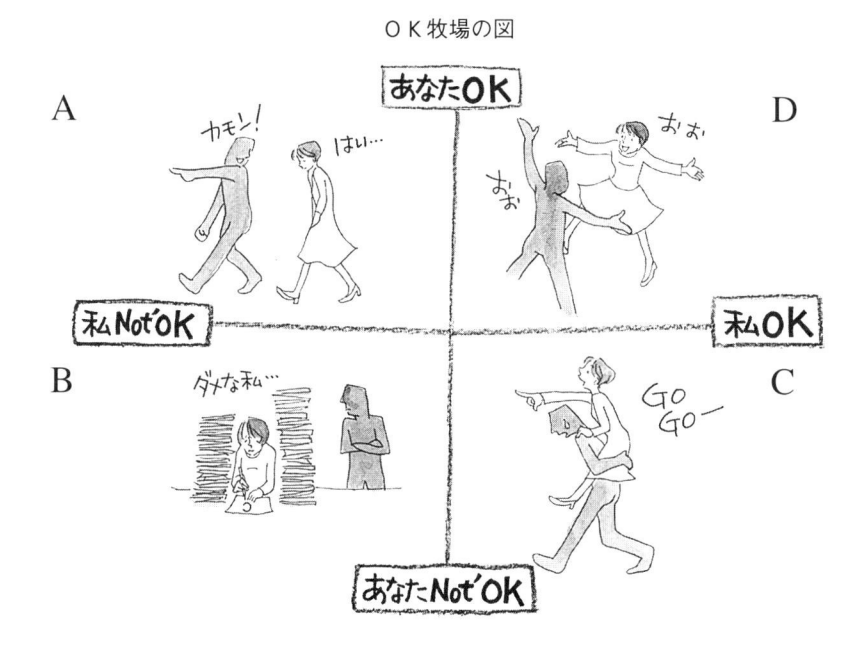

A　あなたOK　カモン！　はい…　D　おぉ　おぉ

私Not OK　　　　　　　　　　私OK

B　ダメな私…　　　　GO GO—　C

あなたNot OK

　同じ人でも、会社では、その上司の指示に従順に従うAのパターン。家庭では妻に対しワンマン主人のCのパターンというケースもあるでしょう。

　退職後、ご近所の人に自分から挨拶ができない人がいます。ほとんどが、在職時は、自分から挨拶をしなくてもなにも言われなかった立場の人でしょう。「私はOK・あなたもOK」の関係を近所の人とも作るためにも、自分から進んで挨拶できるようになった方がより良いコミュニケーションが生まれるでしょう。

　Dの「私はOK・あなたもOK」を目指す時に考えたいのは、人間関係の力の変化です。力とは、金銭も含めた影響力です。子どもが成人するまでは親の力が必要ですが、その後は親の老化とともに力は徐々に逆転します。今、私の影響力が強く相手が弱くても、また逆に私の影響力が弱く相手が強くても、その状態は永遠には続かないのです。

パワー（力、権力）ハラスメントやセクシャルハラスメントは、立場という力を利用して「私OK・あなたダメ」の状態で起こります。突然の退職や熟年離婚は、このストレスが爆発したものとも言えます。

Step 2　私を受け入れよう

　「私はOK・あなたもOK」のコミュニケーションの基本は、意外にも相手ではなく「私はOK」と自分を受け入れることです。
　誰でも自分の受け入れがたい欠点や嫌いな部分を持っていますが、それも自分と受け入れてこそ、OK・OKのコミュニケーションが成り立つのです。
　次の質問に答えて、私が私を受け入れている度合いを見てみましょう。

コミュニケーションの前に

私が私を受け入れている度合いの質問例

1, 自分という人間が好きである　　　　　　　　　はい・いいえ

2, 私は生まれてから大切に育てられたと思う　　　はい・いいえ

3, 私は人から信用され、人の役に立つ人間だと思う　はい・いいえ

4, 人から頼りになると思われている　　　　　　　はい・いいえ

5, 新しいことをするのが好きである　　　　　　　はい・いいえ

6, 年と共に、自分の魅力が増しているように思う　はい・いいえ

7, 仕事や生活が楽しい　　　　　　　　　　　　　はい・いいえ

8, 人前で話す時、不安になったりあがったりしない　はい・いいえ

9, 私は何事も「やればできる」という気持ちがある　はい・いいえ

10, ミスや失敗を、前向きに活かすことができる　　はい・いいえ

　「はい」が多いほど、自分を受け入れている度合いが高くなります。受け入れ度合いを高めるためには、「いいえ」を「はい」と言えるように意識しましょう。

私が私を受け入れてない度合いの質問例

1，他人に、よい点だけ見せようとする(虚勢をはる)　　はい・いいえ

2，思い通りにできないと、すぐ諦めてしまう　　はい・いいえ

3，失敗しないように、何事も控えめにする　　はい・いいえ

4，自分がどう評価されているか、気になる　　はい・いいえ

5，私は自分のしたことをよく後悔して憂鬱になる　　はい・いいえ

6，自分で決断して行動することがなかなかできない　　はい・いいえ

7，自分は「運」が良くない　　はい・いいえ

8，未来を考えると、なんとなく不安になる　　はい・いいえ

9，自分から積極的に他人に近づかない　　はい・いいえ

10，自分の色々な才能を伸ばしてこなかった　　はい・いいえ

　「はい」が多いほど、自分を受け入れていない度合いが高くなります。受け入れ度合いを高めるためには、「はい」を時々「いいえ」と言えるように意識しましょう。

コミュニケーションの前に

Step 3 他者(相手)に関心を持とう

相手に関心を持って観察し、相手をより深く知ることが、コミュニケーションを良好にすることに役立ちます。

私の友人は職場の上司との人間関係に悩んでいました。その上司は、仕事の指示をする時に高圧的に命令し、彼女の質問にも「だまってやればいい」という一方的な態度でした。そんな上司に彼女は「ムッ」としながらも言われたとおりにするのですが、当然面白くありません。

ある日曜日、彼女は偶然遊園地で家族と遊ぶ上司の姿を見かけました。

その時の上司はとても優しい笑顔を家族に向けていました。会社では決して見せない笑顔だったそうです。
　彼にも優しい一面があったことを知り、自分へのあの態度はなぜだろうと考えました。思い当ったことは彼女自身の態度でした。彼女は彼を嫌な上司と思いこんでいましたので彼に質問する時も感情が表れ、挑発的と受け取られかねない態度をとっていたと気づきました。
　その日から、彼女は自分自身の態度を変えるように努力しました。
　その後、徐々に上司の態度にも変化が現れ、彼女の質問にも丁寧に答えてくれるようになったそうです。それからは良好な関係が生まれ、職場の雰囲気もよくなったと喜んでいました。
　彼女が偶然上司の一面を知ったことで、彼との関係の改善がうまく行きました。
　私は「思いがけないコミュニケーションのギャップが生じた時」この話を思い出し、何度も救われました。目の前の部分だけでなく、その人に関心を持って、その後ろにある人間的な部分を知ることが、より良いコミュニケーションには必要であるという大切なことを教えてくれた出来事です。

コミュニケーションの前に

一歩踏み出そう

Step 1 出会う人すべてを大切にしよう

　一歩踏み出すにあたって考えていただきたいことは、出会う人すべてを大切にしているかどうかです。
　「今まで丁寧に挨拶をしてくれていた人が、退職すると同時に返事もしなくなった」という話を聞いたことがあります。これでは、挨拶は、その人にではなく、その人の立場にしていたことになります。
　人は自分への挨拶の仕方で、その人の印象を持つと同時に、その人が、自分をどう思っているのかを判断します。
　「自分を大切にしてくれる」人には、自分も「相手を大切に」したくなり、反対に「自分が大切にされていない」と感じると、「相手を大切にする」ことは難しくなるでしょう。
　また、仮に敬う気持ちがあったとしても、態度に表さなくては相手に伝わりません。「初対面の印象は3年間記憶に残る」と言われています。出会う人すべてに対して敬う態度を身につければ、コミュニケーションはずっとスムーズにいくということになります。
　ある料理店の女将は、従業員に「出入りの業者さんには丁寧に挨拶をしなさい。夏は冷たいお茶を、冬は暑いお茶をお出ししなさい」と教育しているそうです。
　そして、「結果を考えていたわけではないけれども、業者の方からお客様を紹介してもらえるし、お客様としても利用していただけるのよ。それに、他店の情報も教えていただけるの」とおっしゃいます。
　従業員も、今まで業者として出入りしていた人がお客様として来店されることで、人は立場が変わることを学び、助けたり助けられたりする人間関係に気づくそうです。

私たちは自分にプラスになる人や、自分の立場に影響力がある人に対しては、丁寧なコミュニケーションができても、自分が優位に立つ相手に対しては、ぞんざいになりがちです。今一度、出会う人すべてを大切にしているか振り返ってみましょう。

Step 2　行動の優先順位を人間にする

　お客様がみえた時、あなたが月末の棚卸の計算をしているとします。あと30秒ですべての計算が終了します。あなたはどうしますか。
　私たちは忙しさのなかで、人間より目先の仕事を優先してきました。目に見える成果を求められ、それに応えなければならない状況で「人」をおろそかにし、それが私たちのストレスを増やす結果となっています。
　大切なことは、後でもできる仕事より、今目の前にいる人を優先することです。人は無意識に、相手にコミュニケーションを期待しています。温かいハートで「人」を優先し、大切にする人が、人からも大切にされるのです。ひいては、お客様を大切にする会社が、お客様からも支持されるでしょう。
　2005年に開催された日本国際博覧会「愛・地球博」では、豊かな表情の人型ロボットが登場しました。そのロボットは、「おいくつですか」とお客様に年齢を聞き「お若いですね」とお世辞まで言いました。人型ロボットは、人間の感情や行動を研究し作られ、年々人間に近づいています。温かいハートで、人間を優先する仕事をしないと、ロボットに負けてしまいそうです。

Step 3　自分の根っこをしっかりさせる

　1997年、「感性セミナー」を受講していた時、大分県の日田から毎月、熱心に参加する音楽教師の白石恭子さんと出合いました。先生は、教師としての感性をさらに深めるために学んでいました。セミナーのなかで、教育者として「自分の軸になる根っこ」を持つことが必要と知り、先生

は、「私は日本人である」と「私は音楽教師である」という２つを根っことしてしっかりと確認されました。

根っこを確認したことで、ゴールが見えてきました。先生は常々音楽教科書から童謡・唱歌が消えていくことに危機感を持っていたことから、ゴールを「童謡・唱歌コンサートの開催」にしました。

１回目のコンサートが大成功に終わり、また回を重ねるごとに、先生も予想しなかった大きな賛同の輪が地域に広がり、参加者も年々増え続けているそうです。2008年で７回目を迎えます。10回目には私もお手伝いに駆けつける約束をしています。

歩き始めて道に迷わないように、自分の根っこをしっかりすることは重要です。「私の根っこ」を知るために、「私は」に続く言葉を下の欄に書いてください。同じ時間でたくさん書ける人と書けない人がいますが、時間をかけて「私は」に続いて言葉を書き込むと、次第に「私の輪郭」が見えてきます。そこから私ならではのことを見つけてください。さて、あなたの根っこはなんでしょう。

私の根っこ

1，私は

2，私は

3，私は

4，私は

5，私は

45

Step 4 プラス思考で一歩踏み出す

　次は一歩を踏み出すことが必要です。
「これを言ったら、嫌われる」
「相手に拒否されたら、私は傷つく」
　私たちは臆病者です。でも、一歩踏み出さなければなにも変わりません。必要なのは勇気です。
　就職と同時に結婚したOさんは、入社5年目に第2子も生まれ順風満帆でした。その後転勤を命じられ、その半年後、突然退職したいと言い出しました。夫の説明に納得いかない妻がやっと聞き出した本当の理由は、「新しい上司の指導に恐怖感があり、仕事への意欲が落ちている」というものでした。
　妻との話し合いの末、夫は気持ちを上司に告げることにしました。「だまって辞めるよりは、ダメでもともと、言ってみないとわからない」と考えての行動でした。
　上司の反応は、「悪かったね、君は僕と同じでスポーツをしていたので、厳しい指導が向いていると思っていたよ。これからは、君の気持ちを考えて指導するようにするから、頑張ってください」でした。
　その後、Oさんは元気に仕事を続けています。
　すべてのケースがOさんのようにスムーズにいくとは限りませんが、「案ずるより産むが易し」ということも往々にあります。
　「宇宙船の中で心がけることはなんですか」の小学生の質問に、宇宙飛行士の毛利衛さんは「物事を悪く考えないようにすることです」と答えました。狭い宇宙船の中で、国や性別、立場が違う人が、お互い疑心暗鬼になってトラブルとなれば命に関わります。
　私たちは誰でも意外と恐がりで、なにかと不安になり、物事を悪く捉えてしまう傾向があるのです。しかし、実際に一歩踏み出してみれば、心配することはなかったと思うことは多いものです。

マイナス思考は、決して悪いことではありません。マイナス思考がなければ、芸術も人間の奥深さもありえません。ただ、前に一歩進みたい時はプラス思考が有効です。

「プラス思考は、暗い夜道のヘッドライト」とも言います。プラス思考は、エネルギーを生み、目的地まで効率よく進むことができます。

反省のあとは、プラス思考で一歩踏み出しましょう。

プラス思考に向け、以下のマイナス表現の言葉をプラス表現にしてみましょう

マイナス表現	前向きなプラス表現
やせている	
太っている	
小　心	
け　ち	
生意気	
行動力がない	
乱　暴	
気が合わない	
暗　い	
スランプ	
のろま	
老　化	
最悪の日	
思い通りに進まない	
嫌な人	

Step5 できることを5W1Hで実践する

　例えば毎朝会うマンションの清掃スタッフに、感謝を伝えたいのにうまく言葉が出てこない。本当はしたいけれども「ま、いいや」と思って、実行せずにすませていることはたくさんあるはずです。また、挨拶しかしなかった人になにか一言を加えたいと思っても、うまく言葉を探せないことはありませんか。

　少し勇気はいるけれども、頑張ればできるコミュニケーションをしてみましょう。簡単な挨拶から始めて、長年言いたかった感謝の言葉などもぜひ言ってみましょう。言葉が探せない時は、5W1Hの考え方でやってみましょう。

　例）　マンションの清掃スタッフに感謝の言葉を伝える。
　　いつ　：朝、新聞を取りに行く時。
　　どこで：郵便受けの前（いつも会うところ）。
　　誰に　：マンションの清掃スタッフの方。
　　なにを：感謝を伝える。
　　なぜ　：感謝を伝えれば、スタッフの方も喜び、お互いが嬉しい。
　　どのように：笑顔でさわやかに。
　　言葉　：「いつもきれいにしてくださってありがとうございます。感謝しています」

　言った後のあなたの気持ちはいかがでしたか。そして相手の様子はいかがでしたか。きっと、お互い悪い気持ちはしなかったはずです。この心地よい、小さな成功体験が次の行動へのエネルギーになります。

頑張ればできるあなたのケース

い　つ：

どこで：

誰　に：

なにを：

な　ぜ：

どのように：

言　葉：

マイナス表現をプラス表現に　解答例

マイナス表現	前向きなプラス表現
やせている	スマート、スリム、スタイリッシュ
太っている	ふくよか（子ども・女性）貫禄がある（男性）
小　心	デリケート、細やか、慎重、配慮がある
け　ち	堅実、経済観念がある、倹約、物を大切にする
生意気	意志が強い、元気がある、パワーがある、積極的
行動力がない	慎重、用心深い
乱　暴	たくましい、野性的、アクティブ、エネルギッシュ
気が合わない	違う価値観、異なる思考回路
暗　い	思慮深い、哲学的、落ち着きがある
スランプ	充電中、勉強の時間、成長過程
のろま	マイペース、ゆったりしている、穏やか、癒し
老　化	成熟、円熟、経験豊か、貫禄がある
最悪の日	今日から人生は上り坂
思い通りに進まない	見直しの機会、充電期
嫌な人	勉強になる人、違う意見の人

第2章
生き方上手な
コミュニケーション術

たかが挨拶、されど挨拶

相手を変えるコミュニケーション

「相手を変える良い方法はないでしょうか」
　部下が思うように動いてくれない管理職や、お客様の対応に困っている接客業のスタッフからよくでる質問です。誰しも、相手が自分の思い通りに変わればと思っています。しかし、人を変える劇的な薬はありません。もし現状を本当に変えたいならば、「過去と他人は変えられない。未来と自分は変えられる」の言葉どおり、自分を変えることです。相手を受け入れ、こちらのコミュニケーションを変えれば、相手が変わる確率は増えるということです。

　人は、安心したい、尊重されたい。
　人は、自分を基準に考える。
　人は、事実に自分流の意味づけをする。
　人は、自分に都合の良いように聞いて、見て、話す。
　人は、自分が正しいと思っている。

　以上の5つは人に共通した心理です。
　この章では、実践していただきたいコミュニケーションを中心にお伝えします。実践の際に意識したいポイントは3つです。

▷ポイント1　「的確に発信する」「正確に受信する」
　伝言ゲームをすれば、伝わっているつもりでも伝わっていない現実に愕然（がくぜん）とします。自分を基準にするのではなく、相手の立場になって正確に受信してもらうには、「どう的確に発信するか」、また相手の話を「い

かに正確に受信するか」を目標にします。
▷ポイント2　相手も私も心地良く（相互の自己充足）
　相手だけが心地良いのでもなく、もちろん私だけでもない「私OK・あなたOK」の心地良さを目差します。
▷ポイント3　（相手も私も元気にする）好ましい印象を与える私になる
　好ましい印象を与えようと努力する時、私自身の心身が元気になっていきます。それは、相手に安心感も与えることになります。

　以上の3つのポイントを意識して実践し、体感、実感してください。
　習うという字は、繰り返し羽ばたく練習をするという意味からできています。「繰り返し練習すればできる」という自信を持って、とにかく練習してみましょう。

まず挨拶から

　さて、セミナーなどで席に着き、隣りが見知らぬ人の場合、あなたの挨拶はどのようなものでしょうか。
　①なにも声をかけない。
　②軽く会釈をする。
　③「失礼します。今日1日隣りの席です。よろしくお願いします」と言う。

　セミナー受講者に確認しましたが、①の人が90％で、②が10％弱、③は1％にも満たないようです。③を目指すのはなかなか難しいかもしれませんが、さしあたり②を目指しましょう。①は、相手を「いない人」としていますので、お互いに心地良くありません。
　「挨拶」の「挨」の字には「押す」、「拶」の字には「せまる」意味があり、挨拶とはまず自分から相手に近づくことです。本来は禅寺で門下の僧に押し問答をして、その悟りの深浅を試すことだったそうで、人間

の真価を問われるゆえんでもあります。
　「挨拶は先手必勝」「挨拶は時の氏神」とも言われ、よい挨拶が先にできれば、あとのコミュニケーションもスムーズにリードできます。
　そのためには、まず自分の心を開き、勇気を出す必要があります。勇気を出すには、挨拶の効用を信じてイメージしてください。そして、実践した後の安心感や心地良さを忘れないことです。

オアシス運動で使われる挨拶言葉の意味を考えましょう

オ：おはようございます　⇨　ほめ言葉（朝早い時間から元気でよろしゅうございます）。
ア：ありがとうございます　⇨　感謝の言葉（このような有り難い〈滅多にない〉ことをしてくださり、感謝いたします）。
シ：失礼いたしました　⇨　おわびの言葉（礼儀を失ってしまいました。また、暇をこう、問いかけ、気軽な挨拶やおわびにも使う）。
ス：すみません　⇨　感謝やおわびの言葉（大変申し訳なく、気持ちが済「清・澄」みません）。

その他の挨拶の意味も知っておくといいですね。
こんにちは　⇨　相手を配慮する言葉（今日はご機嫌いかがですか）。
こんばんは　⇨　相手を配慮する言葉（今晩はご機嫌いかがですか）。
ただいま　⇨　相手へ帰宅を報告する言葉（ただいま帰りました。「今が最高」という意味もあります）

無意識に使っている挨拶言葉も、意味を知ると奥深いと思いませんか。

挨拶のポイント

ア：相手に目線と心を向け、相手に合った言葉で。
イ：いつも。
サ：先に。
ツ：続ける。終生、修行のように挨拶し続ける。

英語圏でも、「P・T・Eを使いこなせば、あとはブロークンでも大丈夫」と初めての海外旅行の時にアドバイスを受けました。Pは、Please＝どうぞ。Tは、Thank you＝ありがとう。Eは、Excuse me＝失礼しました・失礼します・ごめんなさい・すみませんの意味です。

世界中どこでも挨拶はコミュニケーションにとって有効なのです。

挨拶は受け取りやすく

本人は「している」つもりなのに、挨拶言葉が相手に聞こえていないケースがあります。挨拶は、「思いを言葉と声にこめたボール」を届けるつもりで距離と方向を定め、相手が受け取りやすいように投げてください。

アイコンタクト

受け取りやすい挨拶には目線も必要です。優しい目線は気持ちを伝えます。会話をしていても目線を合わすアイコンタクトが苦手な人がいます。目線を合わせないと自信がないようにも、相手に関心がないようにも見えます。

コミュニケーションの積極的姿勢の第一歩としてもアイコンタクトは重要です。まず、アイコンタクトを意識して挨拶するようにしましょう。そして、挨拶から立ち話になり、「目線を合わせ続けて疲れた時」は、うなずきのタイミングで目線をはずします。また、話が長時間になった場合は、鼻やネクタイの結び目を見るとよいでしょう。

ただし、睨んだような目で見つめたりしないようにしてください。あくまでも優しく。赤ちゃんをあやす時の自分の目を意識して自然にしてください。

タイミング

「いつ挨拶してよいかわからない」というのも、よく受ける質問です。小売店などの接客に携わる人の「いらっしゃいませ」のタイミングや口調次第で、早々にお客様が店から出る場合もあり、悩むようです。

距離や周囲の状況など要因も様々で、「見かけて何秒で声を発する」などと決められるものではありません。経験を積み重ねて、上手になりましょう。

もし、雑踏の中に懐かしい友人の後姿を見かけた時、あなたは声をかけますか。遠慮し、思い出に浸る人もいるでしょうし、声をかけて旧交が温まる人もいるでしょう。

挨拶は、自分の思いの発信です。発信したい時は、相手の状態を少しだけ観察し、思いを伝えましょう。

上達したとしても、相手の反応は期待通りにいかない場合もあれば、予想以上のものが返ってくることもあるでしょう。もし、「いらっしゃいませ」と言って、お客様が早々に店から出ることが多ければ、思いが強すぎるのかもしれません。相手への気持ちを意識しながら、心を開いて、勇気を持って発信しましょう。

雰囲気を読む

「朝礼中に書類を落した時、拾ってよいでしょうか。そのままがいいのでしょうか」。これはある研修での質問です。ここで必要なのは、その場の雰囲気を感じ、読み取ることです。そのことでおのずと対応も決まります。その場にいない誰かが、「拾いましょう」とか「いいえ、拾ってはいけません」と答えられることではありません。

場も人数も人間関係も様々、結果的に雰囲気も変わります。同じメンバーでも、昨日と今日はなにかが違っているでしょう。その様々な組み合わせの中で、自分の立場を感知し、コミュニケーションをするのは、確かに難しいものです。

失敗した経験のある人は、その状況を思い起こしてください。

①どのような場だったか。

②どれくらいの人数の集まりだったか。

③どのような人間関係の集まりだったか。

例えば、やむをえない事情で、10人ぐらいの集まりに遅れました。

ケース１：ドアを開けた私に、みんなの視線が一斉に集まりました。

ケース２：ドアを開けた私に、気づいたのは１名だけでした。

ケース１と２で、私の言動はどのように違うでしょうか。

①的確な言葉は。

②適度な声のボリュームは。

③お辞儀の角度は。
④表情は。

欠かせないのは、その集団の序列の知識と相手のボディランゲージを読む能力です。「空気の読めない人」とは、その場の雰囲気を壊してしまうコミュニケーションをする人を指します。勘を磨きながら、雰囲気を良くするコミュニケーションを目指しましょう。失敗してもめげずに、意識して努力することが、遠いようで最大の近道です。

ケース１と２の状況による言葉と態度の違い

	ケース１	ケース２
言　葉	遅れて申し訳ありません	なし
声のボリューム	全員に聞こえるように	なし
お辞儀の角度	45度の深いお辞儀	軽い会釈
表　情	申し訳ない表情	申し訳ない表情

「はい」という返事について

「はい」という返事も意外と忘れがちです。

名前を呼ばれ、自分はわかっているけれども返事をしない、または返事をしても声が小さくて相手に聞こえない場合もあります。こうした場合は「返事がないので、わかっているか、わかってないかがわからない」というコミュニケーションギャップの原因になります。

悪気はなく、無意識の行為です。もう一度、相手に届く「はい」という返事ができているかどうかをチェックしてみてください。元気な返事を返すため、「はい」の「い」の後に聞こえないほど小さな「っ」を入れるのもコツです。

また、「おはようございます」という挨拶に「はい」と返事だけの人もいますが、これは、挨拶を受けとめていても、返していることにはなりません。「おはようございます」に「おはようございます」という挨拶がキャッチボールのように返ってきて、その後の会話が続くことが楽

しいのです。

挨拶にもう一言加える

挨拶されることは嬉しいことです。でも、エレベーターで一緒になった人と、挨拶の後は沈黙になり、時間が長く感じたことはありませんか。こんな場合、お天気に関しての言葉をもう一言加えるだけでも、お互いが心地良くなります。

状況に応じて、お天気以外にどのような言葉があるでしょうか。

次に挙げた人たちに、挨拶に続く言葉を考えてください。

①昨日一緒に残業した同僚に。
②先日ご馳走になった先輩に。
③子供さんが大学に合格した上司に。
④親が入院したと聞いた先輩に。
⑤最近忙しそうな人に。

〈回答例〉

①「昨日はお疲れ様でした」
②「先日はご馳走様でした。美味しくて、雰囲気の良いレストランでしたね」
③「お嬢さんの合格、おめでとうございます。ひと安心ですね」
④「お父様いかがですか？　ご心配ですね」
⑤「お忙しそうですね。お手伝いできることがあれば、おっしゃってください」

素直に「すみません」「ごめんなさい」

司会業の知人3人が、同時に「結婚式の司会は辞める」と言いだしました。その理由が全く同じで驚きました。「事前打ち合わせの約束をしても時間を守らず、遅れてきてもお詫びの言葉もない」と言うのです。

まれに起こるのであれば、そろって辞めたくなったりしないでしょうが、このようなことが頻繁にあるので、3人ともやる気をなくしてしまったのです。披露宴の終了後は「ありがとうございます」とお礼は言われるそうで、決して常識がない人たちではないのです。

なぜだろうかと考えてみますと「依頼される側は待って当たり前、と思っている」からだとの結論に達しました。

しかし、どのような関係であれ、約束の時間に遅れ、相手を待たせるのは失礼ですし、待たされた方は、自分が軽んじられていると感じるでしょう。万一遅れた場合は、まずお詫びするのが当然です。ことの大小に関わらず、素直に「すみません」や「ごめんなさい」を言うのは意外と難しいのです。素直にお詫びが言えているかどうか、今一度振り返ってみましょう。

冠婚葬祭やお礼の挨拶はすかさず自然に

家族に不幸があった友人が、葬儀などが終わり、初めて出勤した時に誰にもお悔やみを言われず、「なにか不思議だった」と話していました。また、ある大学教授が休暇中にゼミの学生10名を自宅に招待し、ご馳走したそうですが、休み明けの最初の授業でお礼を言った学生は1人もいなかったそうです。

学生たちに確認した教授によると、お礼がなかった理由は、不必要と思ったからではありませんでした。

「このタイミングで言っていいのかしら」

「この状況で言っていいのかしら」

「私だけ言うと変かも知れない」

こうした気を遣いすぎての結果のようです。気を遣うことは良いのですが、コミュニケーションとして不自然です。

お礼もお悔やみも、早く言うにこしたことはありません。滅多にないお招きや慶弔の時こそ、すかさず、躊躇せず気持ちを伝えましょう。

生き方上手なコミュニケーション術

挨拶レッスンは自己紹介から
心を開くには、自己紹介が適しています。そのポイントは、
①：相手と自然に目線を合わせる。
②：身体が向き合う状態で。
③：可能な限り、にこやかな表情で。
④：最初と最後は挨拶をする。
⑤：私ならではのことをシンプルに伝える。
　④の始めと終わりの挨拶も、意識しなければつい忘れてしまいます。最初の挨拶は、「はじめまして」とか「おはようございます」など、終わりの挨拶は、「よろしくお願いいたします」などです。

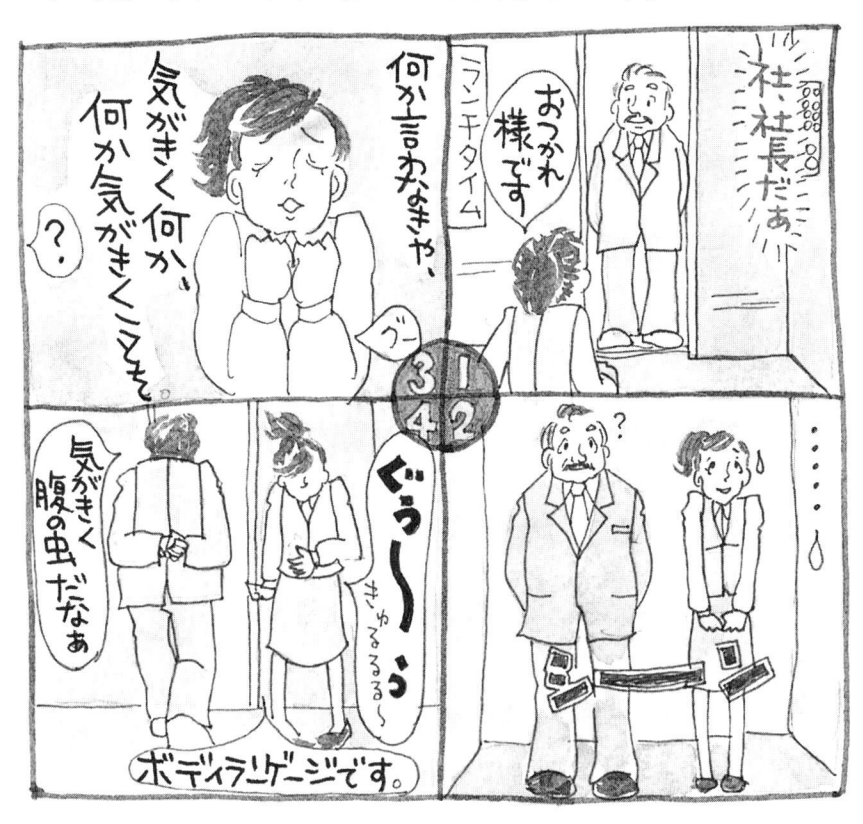

⑤の「私ならではのこと」は、時と場合に応じて「両親と妹、犬1匹と住んでいます」など家族のこと、「映画観賞」「サッカー観戦」「ガーデニング」などの趣味、「最近ヨガ教室に通い始めました」などの出来事や「環境問題に興味があります」などの関心事など、なんでも大丈夫です。そうするとより親近感が増すでしょう。そして、「映画鑑賞です」で終わるのでなく、「日本映画が好きで、最近観たのは『3丁目の夕日』です」と言えば、より自分らしさを伝えることができます。

　挨拶は1～3秒で、自己紹介も要領よくすれば30秒で充分できます。次に出席する会合で隣りになった人に簡単な自己紹介ができれば、後の長い時間の心地良さが実感できますので、お試しください。

自己紹介の簡単なフォーム

1，はじめの挨拶

2，氏名（会社などの所属先）

3，私ならではのこと

4，終わりの挨拶

聞く、聴く、訊くは、利く、効く

聞き上手から始まる

「聞く、聞かれる感覚」を体感をするために、コミュニケーションのゲームをしてみましょう。

まず、2人で組になり、話し手と聞き手になります。次にテーマを決めます。「朝起きてからの出来事」など淡々としたテーマがわかりやすいでしょう。以下の①②③のパターンで1分間、聞き手と話し手になり会話をします。その後、役割を交代します。

パターン① 腕組み・足組み、目線をそらせて相手の話を聞く。（相手を否定する態度）

パターン② 前かがみで、優しい表情でうなずいて相手の話を聞く。（相手を肯定する態度）

パターン③ ②のパターンに加えて、相づち言葉を発しながら相手の話を聞く。（相手の話を積極的に聴く態度）

次の表は、このゲームの話し手と聞き手の感想です。聞く態度がいかに重要なのかを感じてください。

	①否定する態度	②肯定する態度	③積極的に聴く態度
話し手	話せなくなる 時間が長く感じる	話せる 心地良い	話がどんどん出てくる 楽しい
聞き手	話が耳に入らない 時間が長く感じる	話の内容がわかる 時間が早く過ぎる	話に興味がわく 時間が早く過ぎる

職場や家庭でよくあるコミュニケーションの争いが、「言った」「聞いていない」です。「言ったつもり」もあるでしょうし、聞いていても、右から左に抜けていることもあるでしょう。また、一所懸命聞いていても意味の取り違いはあります。

研修でよく行う実験があります。

「2羽のアヒルの前を2羽のアヒルが泳いでいました。2羽のアヒルの後ろを2羽のアヒルが泳いでいました。2羽のアヒルの間を2羽のア

ヒルが泳いでいました。さて、アヒルは何羽でしょうか？」

みなさんの答えは何羽になりましたか。

4羽、6羽、8羽、10羽、12羽、20羽と、多様な答えがでます。この問題に正解はなく、「的確に発信」「正確に受信」することがいかに難しいのかを理解する問題です。

最初の2羽のイメージが、縦に並ぶ人と、横に並ぶ人がいますし、間も、どの間なのかはそれぞれの人の判断が異なり、どう受け取ったのかで答えが違ってくるのです。

特に、コミュニケーションが苦手な人の多くは、人の話を聞いていないと言われています。「的確に発信」する前に、「正確に受信」することが大切なようです。そして「正確に受信」するために重要なのは、「聞く」ではなく、「聴く」と「訊く」ことです。

聞く⇨　hear　　自然に聞こえている。
聴く⇨　listen　耳を傾けて心をうかがう（傾聴）。
訊く⇨　ask　　質問する。

そして、聴きながら考えたいことは、「話し手は、どう感じているか」「その現状をどうしたいのか」「なにが問題になっているのか」です。そうすると、当然、聞き手から話し手に質問が出てきます。また、急いでいる時ほど自分勝手な判断をしがちですが、訊かないとわからないこともあります。聞き、聴き、そして訊きましょう。

聴く道具は相づち

料理上手な人は、便利な道具を使いこなしています。コミュニケーションにも同じように使いこなしたい道具があります。それが「優しい表情」と「相づち言葉」です。

会話で聞き手が相づちを打ってくれると、次の話がスムーズにできます。ところが不思議なことに、まったく相づちのない人が増えています。

あなたは会話の際にどんな「相づち」をうっていますか。

```
┌─────────────────────────────────────────────────────────┐
│              あなたがよく使う相づち言葉                    │
│                                                          │
│  あなたの良く使う相づち言葉を思い出す限り書いてみてください。│
│ 例「はい」「えーっ」「うん」「そうですかあ」「なるほど」「ふーん」│
│ 「へー」「いいですね」                                     │
│                                                          │
│ 同意する時 「そうね」「                              」    │
│                                                          │
│ 同情した時 「大変ですね」「                          」    │
│                                                          │
│ 喜んだ時  「                                        」    │
│                                                          │
│ 驚いた時  「                                        」    │
│                                                          │
│ 疑問の時  「                                        」    │
└─────────────────────────────────────────────────────────┘
```

　相づちの回数も、1分間に1回の人もいれば20回の人もいます。多ければ良いというわけではありませんが、相手が話しやすい相づちが的確にできているかどうか、チェックをしてみましょう。
　チェックの方法です。
① 3人以上のグループをつくる。
② Aさんは話し手、Bさんは聞き手、Cさんはオブザーバー（4人以上の場合はオブザーバーが増える）など役割を決める。
③ テーマと時間を決める。
　テーマの例「夢」「解決したいこと」、時間2〜3分間。
④ 話し手の話を聞き手が聞く。
　オブザーバーは、相づちの種類や回数、聴く姿勢に関して観察する。
⑤ 時間終了の後、振り返り（感想、反省、見直し）。

まず、話し手としての感想を話し、次に聞き手が自分の聞き方の振り返り。

オブザーバーは、客観的に見た状況やアドバイスをする。

⑥次はBさんが話し手になり、Cさんが聞き手になります。Aさんは、オブザーバーです。④⑤を繰り返します。

⑦次はCさんが話し手になり、Aさんが聞き手になります。Bさんは、オブザーバーです。④⑤を繰り返します。

相づちを返すのは決まり文句だけではありません。話のなかから的確な言葉を繰り返すと強い効果を発揮します。

次は私が幼いころの話ですが、これを聞いて返す言葉を考えてください。

「私が１歳の誕生日を迎えた日の出来事です。父が休日を利用し、友人と２人でローカル線に乗って仙崎という漁港までお祝いの魚の買い出しに行きました。

当時食料は配給の時代です。祝いといっても鯛ではなく10尾のサバを手にして厚狭駅にもどりました。ところが、ホームに降り立ったとたん、

警察にその10尾のサバは取り上げられました。統制品を勝手に買うと罪になる時代だったのです。そこで父は、『実は今日は娘の1歳の誕生日で……』と説明したそうです。すると、情状酌量、2尾のサバを戻してくれたそうです」

さて、あなたの相づちはどんな言葉でしょう。次は実際にいただいた言葉です。

「そんな時代があったのですね」
「お米だけが配給だと思っていました」
「いい話ですね」
「先生、結構年とってるんですね」
「先生、愛されて育ったんですね」
「取り上げたサバは、どうしたんでしょうか」
「警察が食べたのでしょうか、取り上げた分」

私が言われて一番嬉しかった相づちはどれだと思いますか。

相づちは1〜2秒で打つことができます。この便利な道具を多用し上手に使いこなしてください。

相づちの例	
同意する時	「まったくそのとおりです」「同感です」「わたくしもそう思います」
同情した時	「それはお気の毒に」「お察しします」「ショックだったでしょうね」
喜んだ時	「よかったですね」「それはなによりです」「結構なことですね」「おめでとうございます」
驚いた時	「本当ですか」「信じられません」「驚きました」「そんなことがあるんですね」
疑問の時	「そうですか」「それはなぜですか」「どうしてですか」

ペースを相手に合わせる

　早口の人もいれば、ゆっくり話す人もいて、話すスピードは人それぞれです。また、急ぐ時とゆとりがある時では、おのずと人の動きのペースも異なります。相手と話すペースを合わせることが、良いコミュニケーションには効果を発揮します。

　相手がゆっくり話している時、相づちを早く返せば、相手はせかされた感じになり、本当に言いたいことが言えなくなる可能性があります。反対に、急いでいる時に、のんびり対応されればイライラしてくるでしょう。

　自分の癖を意識し、相手の状態に歩み寄ってみましょう。

沈黙を恐れない

　黒柳徹子さんは、聴き方の名人。「徹子の部屋」がテレビの長寿番組なのも、ゲストの意外な一面を引き出す聴き方にあります。無口な高倉健さんがゲストで登場した際は、テレビの歴史上最長の無言の時間があったそうです。徹子さんの質問に、答えを出そうと考えている高倉健さんをジーッと待ったのは、「一所懸命答えを考えているのがわかったから」だそうです。

　福岡にも心地良い沈黙の持ち主がいます。財団法人日本心身医学協会事務局長の池見隆雄さんです。日本心身医学協会は、日本で最初に心療内科を創設された池見丙次郎先生（1915－1999年）がつくられました。ここでは心と身体に関する様々なセミナーやエンカウンターグループを主催しています。エンカウンターグループは集団カウンセリングともいい、グループで参加者が相互に気づきを与えあいます。

　池身隆雄さんは、エンカウンターグループのファシリテーターも務めています。ファシリテーターは参加者の会話を容易にする役目です。そこでは、10分、15分の沈黙はよくあります。その沈黙のなかで、参加者

自身が自分と会話しているのです。その雰囲気をつくっているのも池見隆雄さんです。

　積極的に聴くことは、質問攻めにすることでも、自分が話し続けるのでもありません。話し手の気持ちを大事にして、沈黙することも聴くことになります。その場の空気を共有しているだけでも、コミュニケーションなのです。

聞く、聴く、訊くことのメリット

　相手の考えや気持ちがわかる。
　知識、情報が増える。
　事実が把握できる。
　適切な提案が可能になる。
　相手との信頼関係が深まる。

　聞く、聴く、訊くは、良いコミュニケーションに利く（役に立つ）、効く（効果がある）のです。

健康的な姿勢

自然な姿勢が良い姿勢

　姿勢も印象の善し悪しを大きく左右します。

　あなたの靴はどのように減りますか。左右の減り方が違ったり、内側や外側が減っていれば、姿勢に癖がある証拠です。また、好印象の条件としても、良い姿勢は必須です。

　良い姿勢というと、肩に力が入る人がいますが、無理なく自然な姿勢が良い姿勢です。

　また、無駄な動きには、次のような特徴があります。

①頭が上下に揺れる。
②お尻が突き出ている。
③身体が横に揺れる。

　無駄がなければ、疲れも少ないということになります。

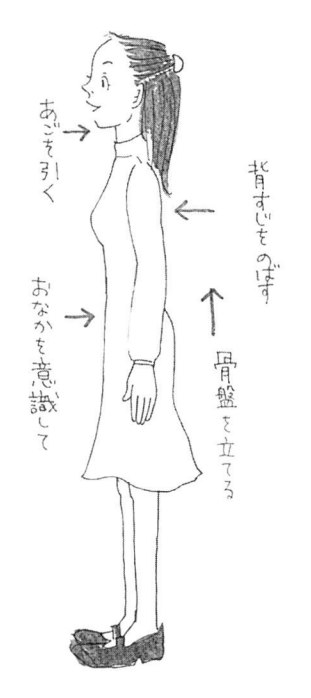

骨盤を立てる

　右上の図を参考にしながら、自分の立った姿勢をチェックしてみましょう。立った姿勢が正しいかどうかは、以下がポイントになります。

①横から見て、耳の穴、肩先、足の付根、足の真ん中、外くるぶしが一直線上にありますか。
②正面から見て身体の左右が対称ですか（耳、肩、腰、膝頭の位置）。
③反りすぎていませんか。
④猫背になっていませんか。

立った状態で重心を身体の中心に

⑤おなかは緩んでいませんか。
⑥軽く押された時、身体はふらつきませんか。
　すべての答えが「はい」の人は良い姿勢ということです。良い姿勢の時は骨盤がまっすぐ立っている状態です。

　私が毎月通う皆川鍼灸マッサージ療院の皆川剛志先生も、「良い姿勢は、まず骨盤を真っ直ぐ立てること」とおっしゃいます。骨盤が前に傾くのでもなく、後ろに傾くのでもなく、真っ直ぐであることが重要で、骨盤さえまっすぐに立っていれば上半身のバランスが取れ、背すじが伸び、顎も自然に引けるのだそうです。身長が3センチ高くなった意識で歩いてみましょう。
　猿から人間への進化は、まず、骨盤を立てることだったのではないでしょうか。

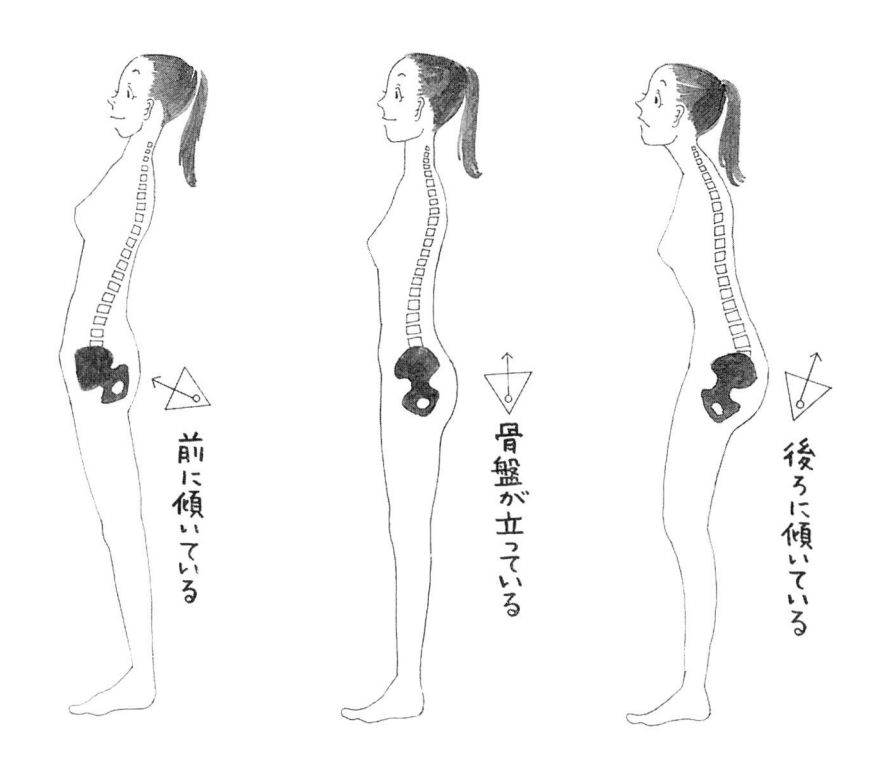

生き方上手なコミュニケーション術

前に傾いている　　骨盤が立っている　　後ろに傾いている

座った姿勢で骨盤のチェック

椅子に座った状態で、骨盤を立ててみましょう。
①両手をおしりの下に敷きます。
②座骨の尖った部分が手に当たれば、骨盤は真っ直ぐ立っています。
Ａ：腰を丸くすると、座骨はわかりにくくなります。
Ｂ：背筋を伸ばすと座骨の尖った部分が手に当たります。
ＡとＢを実際に体験してみましょう。
Ｂのパターンは、身体が安定し、力がでるのを感じることができるでしょう。膝も開きません。

骨盤を立てることを立腰(りつよう)とも言います。その効用を子ども向けの詩にしたものを紹介します。

　　「腰骨を立てる」　菱木秀雄

　　下腹に力を入れて
　　腰骨をシャンと立ててごらん
　　肩や胸に力を入れないで
　　あごを引きましょう
　　すばらしい姿勢です
　　元気なからだのもとです
　　あたまが澄んできます
　　あなたのわがままに勝てる姿勢です
　　あなた自身を見直せる姿勢です
　　厳しい世の中を乗り切る姿勢です

　良い姿勢は、重い物を持つ時も持ちやすく、車椅子を押す時にも力を発揮できます。

身だしなみ

　公共施設で尋ねたいことがあれば、受付か制服姿の人を捜します。着ている物は、その人を表すのです。ところが最近、相応(ふさわ)しくない身だしなみの人が増えています。

　一時期、制服を廃止した企業が、再び制服を採用している原因の1つは、制服廃止に伴う混乱です。特に銀行では、「普段着のような服装で、お客さんか銀行員かわからない」というクレームが多くあったそうです。職場や日常生活でも、身だしなみに自分や相手が違和感を持てば、それはコミュニケーションに影響を与えます。

おしゃれとと身だしなみの違い

	おしゃれ（プライベート）	身だしなみ（パブリック）
好み	個人の自由	その時に関わる人に合わせる
時間	仕事外の時間・休日	就労時間（通勤時間を含む）
場所	職場以外の場所、家庭	公共的なスペース・職場
場合	個人としての場	組織や職場の代表として見られる場

　企業の社員の身だしなみは、企業イメージを左右しますので、服、髪、髪留、マニキュアなどの色や形をルール化している会社もあります。相手の年齢によって、髪やマニキュアの色に対する受けとめ方が違うことにも留意しましょう。

　ルールのない会社に勤めている人は、自分なりのルールを作ると、洋服選びに失敗しませんし、服を選ぶ時間もかかりません。

　ルールを作るにあたって考えていただきたいポイントをあげてみます。

①**清潔感**　作業服のように汚れたり、しわがよっていませんか。

②**動きやすさ（安全性）**　ズボンやスカートの丈が短か過ぎたり、長過ぎたりしていませんか。手の平が隠れない袖の長さですか。身体

に対してサイズは合っていますか。
③**企業イメージに合っているか**　アクセサリーや化粧の濃さは企業イメージやＴＰＯ（時、場所、場合）に合っていますか。
④**お客様の立場に立つ**　ネームプレートはわかりやすい位置についていますか。また読みやすいですか。
⑤**その他**　靴やアクセサリーも制服とのバランスを考えていますか。

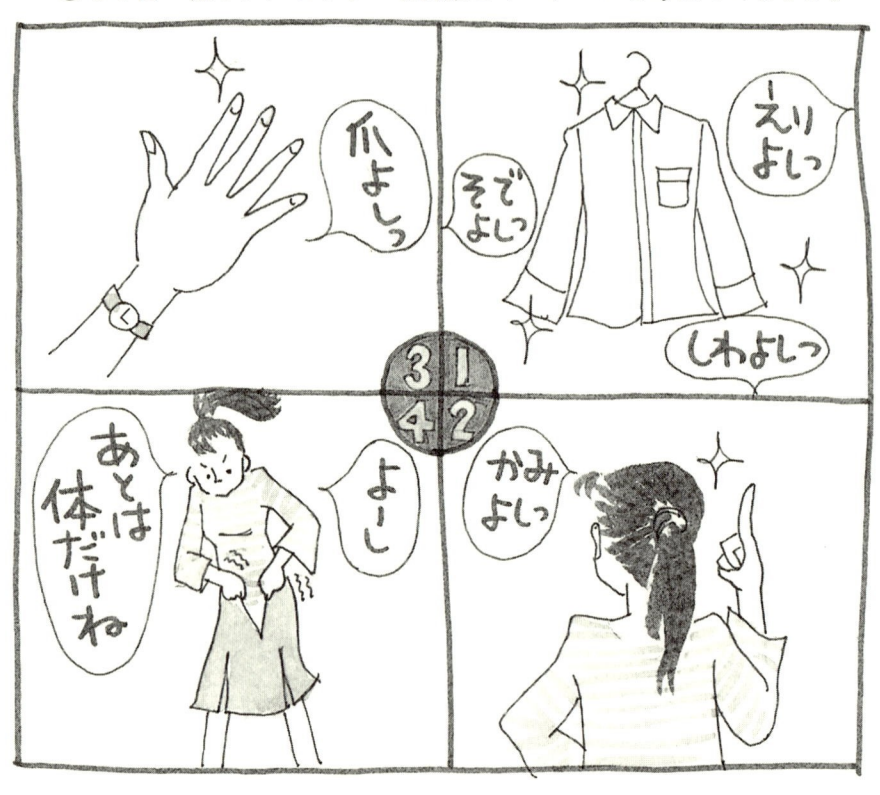

笑顔と微笑み

表情が与える印象

　ある会社の３日間の新入社員研修の出来事で忘れられないことがあります。
　１人の女性社員の表情が３日間で全く変わったのです。１日目はとても難しい表情でしたが、３日目には嘘のように明るく晴れやかな微笑になりました。難しい表情は気になるもので、「なにかプライベートで問題が生じたのかしら」「私の研修に納得がいかないのかしら」などと、とても心配したのですが、研修後のレポートを見て、私の心配は無用のものだったとわかりました。
　そのレポートには、１日目は「不安で自信が持てなかった」こと、２、３日目は「自分なりに頑張ればいいことが徐々にわかってきて安心した」ことが書かれていました。
　彼女の表情で私はとても心配したのですが、１日目の難しい表情は彼女自身の問題だったわけです。
　もし彼女が相手にどう受けとめられるかを考えて配慮ができる人であれば、自分の感情をただ正直に顔に表すことはしなかったでしょう（新入社員の彼女にそこまで期待するのは無理というものでしょうが）。
　表情は相手が見るものです。「私の伝えたいこと」とは違うものを、「私の表情」によって、相手は受けとめている場合もあるのです。表情がコミュニケーションに大きく影響を与えることを意識する必要があります。その研修で彼女はこのことを学び、その後、相手に自分がどう見えるかを意識し、微笑を絶やさないたくましい社員になりました。
　さて、あなたはどのような表情で、どのような印象を与えているでしょうか。

あなたの印象は何番でしょう

笑いの医学的効果

　2007年、大阪に研修に行き、その会場のビルに「日本クリニクラウン協会」の名前を見つけました。クリニック・クラウンとは、クリニック＝病院とクラウン＝ピエロを合わせた造語です。
　オランダでは1980年に活動が始まり、1992年にクリニクラウン財団が設立されました。日本では2005年に特定非営利活動法人として活動が始まり、難病で入院をしている子どものため、笑いを届けるピエロを育成し病院に派遣しています。
　笑いの医学的効果が年々証明されてきています。きっかけは1964年にジャーナリストのノーマン・カズンズが全快の確率500分の1の膠原病を笑い療法も採り入れて完治させたことです。
　笑いの効果として覚えていただきたいことを2つお伝えします。1つは、内臓のストレッチ運動になること。笑いによって腹式呼吸を促し、消化器能も高まります。そして、2つ目は風邪のウィルスやがん細胞を攻撃する免疫ホルモンのナチュラルキラー細胞が活性化することです。

ナチュラルキラー細胞の活性化については、岡山県の「すばるクリニック」の院長伊丹仁朗先生の研究が有名です。伊丹先生はボランティア19名を演芸場「なんばグランド花月」に連れて行き、笑う前と後のナチュラルキラー細胞を調べました。その結果、3時間の笑いで薬での治療3日分の効果があったそうです。
　また、伊丹先生は、作り笑いでもチュラルキラー細胞が活性化すると証明しました。心から笑えなくても、作り笑いなど形から入っても効果は上がるのです。

微笑みとその効用

　コミュニケーションのスキルとして身につけていただきたいのは「微笑み」です。なぜならば、「笑顔」はなにかに反応する受動的なものなのに対し、「微笑み」は自発的な表現だからです。
　微笑みが有効な理由をいくつかあげてみますと、次のようになります。
　1，安定の表現：「私の心は安定しています」と表現します。
　2，相手への好意表現：「私はあなたに会えて嬉しい」と表現します。
　3，相手へ信頼感の表現：「私はあなたを信じています」と表現します。
　4，親和の表現：「あなたに敵意はありません」「親しくしましょう」
　　と表現します。
　5，相手を受け入れサポートする表現：「なんでも言ってください」
　　と表現します。

微笑みと笑いの印象

表情の種類	感情	他者が受ける印象
微笑み (Smile)	相手を思う感情	安心感、信頼感、心地良さ
笑顔 (Laugh)	自分の感情	面白い、楽しい

微笑みができない理由

「疲れている時、忙しい時には微笑むことができない」のが普通です。が、逆に考えると、そのような時こそ微笑みが私たちを助けてくれます。意識して笑ったり微笑んだりすることで、ストレスが軽くなるのです。

阿刀純子さんは、香りを使った空間づくりやライフスタイルを提案し教えている素敵な人です。華のような現在の笑顔からは想像できませんが、「ニコリともしない」ＯＬ時代があったそうです。それは「微笑みは媚びること」と固く信じていたからだそうで、今では「単に、間違った思い込みだったのです」とコロコロと笑って言われます。

場面や職種によって好ましい表情は違いますが、微笑みが有効なシーンで、あなたが微笑むことができないとすれば、理由はなんでしょう。顔の筋肉を動かす習慣がないか、相手や笑うことにわだかまりがあるのか、いずれかでしょう。わだかまりを解消するより、微笑むことを習慣にした方が早道です。

微笑み　　　　　　笑顔

微笑みのワンポイントレッスン

現代はスマイルコーチが活躍する時代です。それに、表情筋は使わないと硬くなり動かなくなります。割り箸を口にはさみ、微笑みの口元を作る練習をしている人は、笑いの頻度も高まるという研究データがあります。心身の健康にも、コミュニケーションにも有効な微笑みを身につけましょう。

▷ポイントは目と口もと

●目の表情（無邪気な赤ちゃんを見る目）………ニコッとしましょう。
●口もと(口角を上げる)…「ラッキー」「ハッピー」と言ってみましょう。前歯４本で箸を噛むと、口角を上げる練習ができます。

ノーマン・カズンズは、「笑いや微笑みは、良いことが起こりやすいように手助けする明るい点火剤です」と言っています。そのためにも、一瞬のスマイルではなく、キープスマイルを心がけましょう。

ボディランゲージ

ボディランゲージを読む

　ボディランゲージとは身体的（ボディ）な言葉（ランゲージ）です。
　私たちは言葉を発しなくても、表情、身振り、手振り、姿勢などでコミュニケーションをしています。
　ボディランゲージを読むとは、相手をよく観察することです。よく観察すると、相手の望んでいることや感情を察することが可能になります。
　大リーグに移籍し大活躍しているキャッチャーの城島健司選手は、プレイ中だけでなく、ベンチの中や練習中の相手選手の様子をいつも観察しているそうです。観察を重ねることで、目の前のバッターの少しの動きから、相手の作戦を見抜くことができるようになったとのことです。
　よく観ると、相手が望んでいることがわかるようになります。あなたの周囲の人をよく観てみましょう。
　人から見ると癖もボディランゲージと受けとめられます。
　ある研修で、「フン」と鼻で笑う声が講義中に聞こえました。その受講生に、「やめてください」と言ったところ、その後、一度も耳にしませんでした。後でその癖は、悪気のない照れ症からとわかりましたが、そうだとしても、初対面の相手には通用しません。ちなみにその研修テーマは「再就職」でした。
　一度、自分のボディランゲージを振り返ってみてください。

生き方上手なコミュニケーション術

これらのボディランゲージは相手にどんな印象を与えるでしょうか？

腕組み

ほおづえ

貧乏ゆすり

上目遣い

ボディゾーンを感じる

次の図は、上から見た「人とボディゾーンの関係」を表わしたものです。国民性や個人差はありますが、点線内はボディゾーンといい、人から侵されたくない範囲です。

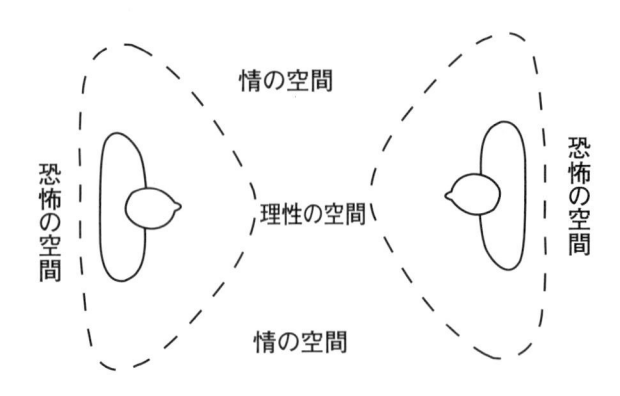

人と人のボディゾーンの関係図

（図：二人の人物を上から見た図。それぞれの周囲に点線で囲まれた領域があり、上下に「情の空間」、中央に「理性の空間」、両外側に「恐怖の空間」と記されている）

店舗の接客態度や研修を受ける受講生を見ての実感ですが、このボディゾーンを感じない若い人が増えました。ことわりの言葉もなく平気で目の前を通り過ぎるかと思うと、反対に「お待たせいたしました」と商品を差し出した手が遠く、こちらから一歩近づかないと受け取れないケースもありました。

「前を失礼します」「この席よろしいですか」という言葉や、人の前を横切る時に会釈が必要なのは、ボディゾーンを侵す時に相手の気分を壊さないためです。

また、ボディゾーンには「情の空間」と「理性の空間」があります。カウンセリングをする場合、カウンセラーがクライアントの斜め横に座るのも、ボディゾーンの情の空間で相手と近づくためです。

人間関係や場合により、ボディゾーンを考えて行動しましょう。

人間関係による心地良い距離の目安は次の通りです。
愛情距離　　　０〜45センチ……親子、夫婦、恋人などの関係
個体距離　　　５〜120センチ……（手が重なる距離）親しい間柄
ビジネス距離　120から360センチ……仕事関係
公衆距離　　　360センチ以上

もし人型ロボットが接客すれば、視界に入った公衆距離で「いらっしゃいませ」と最初の声掛けをするでしょう。そして、ビジネス距離で口調を変えて「こんにちは、なにかお探しでしょうか」と問いかけ、相手の反応を待ちます。そして、相手が求めれば、「こちらは今シーズンの新商品です。いかがでしょう」と商品を持ち、個体距離に近づくことでしょう。

ボディランゲージを使う

ボディランゲージは、表情、身振り、手振りですから、ジェスチャーとも言えます。この最も発達した表現行為が手話です。

秋月オフィスの講師、野元朋子は手話が得意です。手話は、英語ではサイン・ランゲージと言い、手で表す言葉です。彼女が手話を学び始めたきっかけは、風邪で声がでない時に道を尋ねられたからです。かすれた声で必死に応えようとする野元に、道を尋ねた２人の中年女性は、「あら、このひと口がきけないわ」と冷たく言い、その場を去ったそうです。

その野元講師が、手話教室と英会話教室に同時に通った時期がありました。面白いことに、それぞれの先生が「表情とボディランゲージを加えて」と同じことを言ったそうです。実験したところ「驚く」「嬉しい」などは、手話も英語も知らなくても、表情とボディランゲージだけで伝わります。フラダンスや日本舞踊、バレエの振りに手話と共通するものが多いのも理解できました。

一番身につけていただきたいボディランゲージは、うなずきです。コ

ミュニケーションで嬉しいことは、受け入れてもらうことです。仮に言葉がなくても、優しい目線でうなずかれれば、受け入れられたと安心します。ボディランゲージを読むこと、使うことができれば、コミュニケーションはより豊かになります。

生き方上手なコミュニケーション術

次のボディランゲージで、あなたを受け入れていると思われるものに○印、拒否されていると思われるものに×印をつけてください。

	会話をしている相手の反応	○	×
1	訪問した時、あなたの顔を見て、椅子から立ち上がり迎えてくれた		
2	あなたが話している時、目を閉じたり、瞬きをしていた		
3	あなたが話している時、落ち着いて座っており、あなたの動きを目で追う以外ほとんど動かない		
4	あなたの話をさえぎり話しだした		
5	2人の間にある机の上のコーヒーカップや灰皿などを脇にどけた		
6	話の途中に携帯電話がかかってき、電話を取り長々と話しだした		
7	旅行や子供の写真など、私生活にかかわるものを見せようとした		
8	あなたの目の前で掛時計や腕時計を見た		
9	動作が自然でリラックスして見える		
10	両手を頭の後ろで組んだ		
11	椅子に姿勢良く座り、前かがみに身を乗り出して話を聞いていた		
12	必要もないのに、突然眼鏡をかけた		
13	あなたと同じ動作をしたり、あなたの表情をまねた		
14	あなたが話している最中に、机の物を置き直したり、引き出しを開けたりした		
15	よりくつろげる場所に移った		

相手の反応で、あなたが受け入れられているのは奇数、拒否されているのは偶数の番号です。正解はいかがでしたか。

87

心に触れる音声

音声は心を伝える力がある

　ところかまわず大きな声を出す人は自信家で、おおらか。逆に小さい声しか出せない人は、繊細で、自信のない人だったりします。
　また、同じ人でも、その時の心の状態によって、トーンやボリュームは全く違います。気持ちが明るい時はトーンが高めで大きい声ですし、塞ぎこんでいれば低い小さな声になってしまいます。緊張で声がうわずったり、震えたり、恐怖で声がでなかった経験を持つ人もいるでしょう。
　声にその人の人柄や感情が表れ、コミュニケーションに影響することは事実です。

「言葉は嘘をつくが声と身体は嘘をつかない」といわれるくらい、声にはその時の感情が表れるものです。しかし、感情のまま相手とコミュニケーションをすると、相手はどう受けとめるでしょうか。相手に伝えたい意思や気持ちや情報をより正確に伝えるためには、相手に自分のことを受容してもらえるような状況を作ることが大切です。

時と場合と状況に応じて、適切な音声を出せるようにコントロールしましょう。

声に感情を表現するレッスン

「美味しい」「好き」「嬉しい」「楽しい」「きれい」というような肯定的な言葉を使って練習しましょう。感情表現が苦手な人は、家族や親しい友人など、あなたが心を開いている人に向かって言ってみましょう。だんだん声に豊かな感情が表れるようになります。

感情をコントロールするレッスン

その時々の感情をコントロールできず、そのまま出していませんか。なにかを言う前に深呼吸し、心の中でゆっくり10まで数えましょう。そして、にっこり微笑み、相手が受け取りやすい言葉を口にしましょう（「第1章「自分を知ろう」「Step 2 衝動のコントロールがコミュニケーションギャップとして表れる人」参照）。

音声には距離感や方向性がある

人ごみで知り合いを見かけ、「こんにちは」と思わず声をかけてしまった時、名前を呼んでいないのに知り合いだけが振り向いたという経験はありませんか。なぜ気づいてくれたのでしょうか。残念ながらテレパシーではありません。あなたの声が投げられ、見えない球となって、相手に確実に届いたからです。つまり声には投げられたボールのように距離と方向があるのです。

目的を持たずに迷いながら声を発すると、距離や方向がはっきりせず相手に届きません。本人は挨拶しているつもりでも返事をもらえず、無視されたように思っているケースは、単に声が弱々しく、相手に届いていない場合も多いのです。
　また、ある商店街で接客のサービスチェックをした際、「いらっしゃいませ」の語尾の音が上がる人が多くいました。これは、天井に向けて言ったことになり、お客様は自分に言われているとは感じないでしょう。

音声を届けるレッスン１
距離感の違いで声を届ける訓練。
　　ケース１：友人と喫茶店で向かい合って話をする時。
　　ケース２：お互いがやや広い部屋の端と端にいる時。
　　ケース３：横断歩道の反対側にいる時。
相手にきちんと声が届くまで練習しましょう。

音声を届けるレッスン２
視覚に邪魔されずに聴覚だけで聞き取る訓練。
①誰かに後ろ向きに立ってもらう。
②その人に向かって声をかける。
③声が聞こえた時、手を上げてもらう。
④様々な距離に立ち、練習をする。
それぞれの距離で、相手に確実に声が届くまで練習しましょう。

音声を届けるレッスン３
何人かの人のなかから、確実に１人に声を届ける訓練。
①数人が背を向けて、異なった位置関係で立つ（座る）。
②そのなかから声をかける人を無作為に選ぶ。
③誰とは言わず「元気ですか」などの挨拶言葉をかける。

生き方上手なコミュニケーション術

④自分に言われたと感じた人は手を上げる。そうでない人は、声が届いたと感じた方向を手で指し示す。

キャッチする能力にもよりますが、声のかけ手と聞き手を変えて練習を重ねるほど相手に確実に届くようになります。

腹式呼吸のレッスン

　館内放送をする人の発声トレーニングをしています。館内がすいている時は大丈夫ですが、混んでいる時は、腹式呼吸でないとアナウンスは聞こえなくなります。ボリュームを上げても同じで、ボリュームの大小ではないのです。一対一で話す場合も同じで、相手の心に響く声は、腹式呼吸の声です。相手に響く安定した声を出すために、腹式呼吸をマスターしましょう。

　腹式呼吸のレッスンは、

①足を肩幅ぐらいに開いて、肩の力は抜き、正しい姿勢で立ちます。身体が曲がり、緊張していては息の通り道が歪み、のびやかな声が出ません（第2章「健康的な姿勢」参照）。

②お腹に意識を集中し、20秒を目標にゆっくり口から息を吐きます。息を吐く時はお腹がへこみます。

③吸う時には時間をかけず、一気に鼻から吸います。お腹が膨らむことがわかります。

④②③を繰り返し練習します。あおむけに寝て電話帳のような重みのある物をお腹に乗せ、ゆっくり大きく呼吸したり、声を出して読書をするのも1つの方法です。

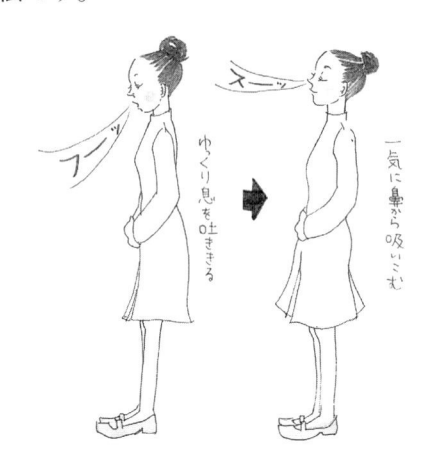

生き方上手なコミュニケーション術

発音の明瞭さが大切

　腹式呼吸を実感できたら、母音の正しい音を出してみましょう。

　買い物の清算の際、言われた金額を出したつもりなのに「あと千円です」と言われて気まずい思いをした経験はありませんか。口を横に開いて「ニ」と発音しないと「２千円」は「千円」に聞こえます。そのようなことが重なり、私は声を聞かずにレジスターの表示を見てお金を出す習慣が身につきました。

　言葉は相手に伝わってこそ意味を持ちます。不明瞭な発音のために、なにを言っているのかわからなければ、ただの雑音です。

　日本語の発音は　五十音の核となる母音(ぼいん)の「ア行」と、その他の子音(しいん)でなりたちます。母音が正確でなければ、他の音も間違った発音になります。

　電話で名前を聞き返されることが多い人は、まず母音を明瞭にすることから始めましょう。

▷**母音のレッスン**

　五十音の核は母音です。口の形を確認しましょう。

　「イ」：顎(あご)はほとんど開かず、唇は平たくわずかに開けて、両端を左右に引く。

　「エ」：顎は「ア」と「イ」の中間ぐらいに開き、唇の両端をやや左右に引く。

　「ア」：自然に顎を大きく開く。唇は丸めず、指２本が入る程度開けて、舌は顎と一緒に下げる。

　「オ」：「ウ」の時より顎を開き、唇は「ウ」より丸める。

　「ウ」：顎は閉じて、唇を中央へ引き寄せる（火を吹き消すイメージ）。

　高齢になると高い声やカ行・サ行・タ行が聞き取りにくくなります。高齢社会では、誰もが一層明瞭な発音を心が

イの発音

エの発音

アの発音

オの発音

ウの発音

けることが必要です。

　オーストラリアの新任教師は、音声に関してトレーナーから厳しく指導されます。腹式呼吸で生徒全体に声を届かせ、発音が正しく明瞭であることが必要です。生徒を指導する教師としては当たり前にマスターしたいことです。相手に伝えようという意識がなにより大切なことは言うまでもありません。

```
                明瞭な発音をするための練習

  いらっしゃいませ    ⇨　ＩＲＡＳＳＹＡＩＭＡＳＥ
                  （ローマ字表記にすると母音がわかる）
                  ⇨　イ・アッ・ア・イ・ア・エ
                  （母音で言ってみる）
                  ⇨　いらっしゃいませ（言ってみる）
  おはようございます  ⇨　ＯＨＡＹＯ－ＧＯＺＡＩＭＡＳＵ
                  ⇨　オ・ア・オー・オ・ア・イ・ア・ウ
                  ⇨　おはようございます
  こんにちは        ⇨　ＫＯＮＮＩＴＩＷＡ
                  ⇨　オン・イ・イ・ア
                  ⇨　こんにちは
  ありがとうございます⇨　ＡＲＩＧＡＴＯ－ＧＯＺＡＩＭＡＳＵ
                  ⇨　ア・イ・ア・オー・オ・ア・イ・ア・ウ
                  ⇨　ありがとうございます
  お待ちしております  ⇨　ＯＭＡＴＩＳＩＴＥＯＲＩＭＡＳＵ
                  ⇨　オ・ア・イ・イ・エ・オ・イ・ア・ウ
                  ⇨　おまちしております
  あなたの氏名      ⇨　（ローマ字）
                  ⇨　（母音）
                  ⇨　（あなたの氏名）
   語尾の（す＝ＳＵ）のウは無声化（声にしない）します。
```

生き方上手なコミュニケーション術

発声練習用1 「五十音の歌」　　北原白秋

　水馬（あめんぼ）赤いな、ア、イ、ウ、エ、オ
　　浮藻（うきも）に小蝦（こえび）も泳いでる
　柿の木、栗の木、カ、キ、ク、ケ、コ
　　キツツキこつこつ、枯（かれ）けやき
　大角豆（ささげ）に酢をかけ、サ、シ、ス、セ、ソ
　　その魚（うお）、浅瀬で刺しました
　立ちましょ、ラッパで、タ、チ、ツ、テ、ト
　　トテトテタッタと飛び立った
　ナメクジのろのろ、ナ、ニ、ヌ、ネ、ノ
　　納戸（なんど）にぬめって、なにねばる
　鳩ぽっぽ、ほろほろ、ハ、ヒ、フ、ヘ、ホ
　　日向（ひなた）のお部屋にゃ笛を吹く
　マイマイ、ねじ巻、マ、ミ、ム、メ、モ
　　梅の実、落ちても見もしまい
　焼栗（やきぐり）、ゆで栗、ヤ、イ、ユ、エ、ヨ
　　山田に灯（ひ）のつく宵（よい）の家
　雷鳥（らいちょう）は寒かろ、ラ、リ、ル、レ、ロ
　　蓮華（れんげ）が咲いたら、瑠璃（るり）の鳥
　わい、わい、わっしょい。ワ、ヰ、ウ、ヱ、ヲ
　　植木屋、井戸（いど）換（が）え、お祭りだ

発声練習2　次の言葉を、母音を意識してはっきりと読んでみてください
　愛育　哀愁　亜鉛　青色申告　朝焼け　色鉛筆　胃炎　家構え
　一期一会（いちごいちえ）　潤（うるお）い　魚市場　宇宙衛星　絵空事（えそらごと）　映画　遠征
　お誂（あつら）え向き　応援合戦　大手を振る

言葉を大切にする

Step 1 敬語をマスターする

　小津安二郎監督作品などの古い映画では、「お父様がしてくださったのですか」「お母様がおっしゃったのよ」などと、子どもが親に対しても敬語で話すシーンがあります。日本で旅客飛行機が飛び始めたころの客室乗務員の訓練では、「お宅で、お父様になさるように、お客さまにしてください」の一言で、言葉と態度の理解ができたそうです。
　ところが現代は、教師が生徒に友達同士のような言葉遣いを許し、敬語の使い方を学ぶ機会を奪っています。尊重すべき相手に対して敬語を

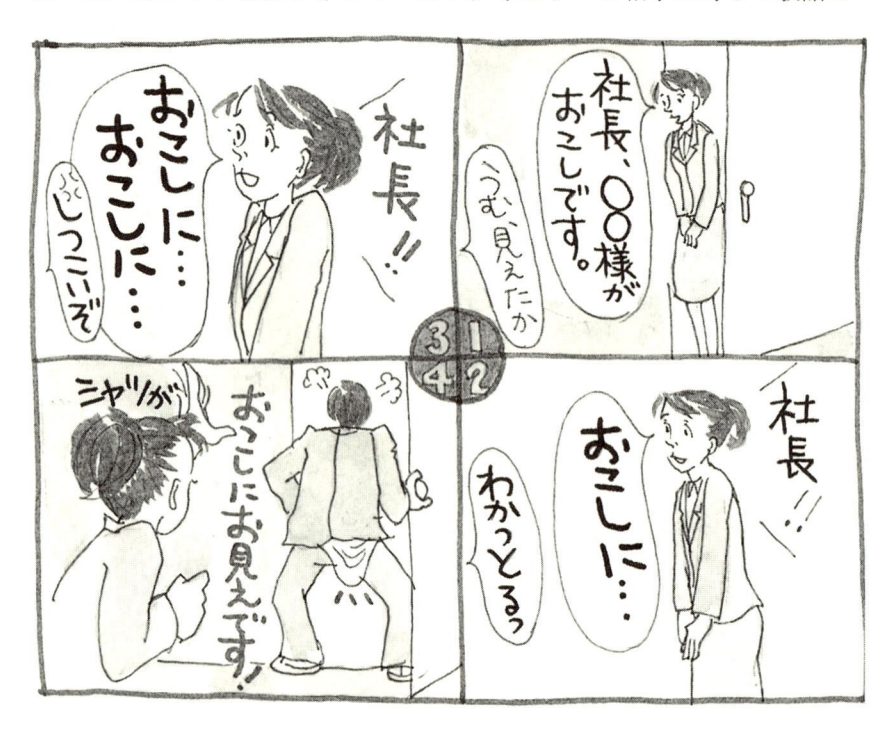

使うことができなければ、悪気はないのに「馬鹿にして」と誤解されます。一生使う言葉です。相手への尊重を表す敬語をマスターしましょう。

まずは丁寧に
第一歩は言葉を丁寧にすることです。丁寧語の基本は2つ。
①言葉のはじめに「お」「ご」をつける。
②言葉の最後に「です」「ます」「ございます」をつける。
「お」や「ご」は、「お顔、お名前、お年、お住まい、ご家族、ご出席、ご来店、ご希望」のように相手のものや行動に使うと相手を敬うことになりますが、「お」や「ご」をつければよいというものでもありません。

ある菓子店で、新入社員がお菓子を数箱買い求めたお客様に「袋をお入れしましょうか」と言うところを、「お袋をお入れしましょうか」と言い、店長に「あなたのお母さんを入れてどうする」と注意されたという笑い話もあります。「お」をつけることで意味が変わることもありますので注意しましょう。

意味は変わりませんが、「お」や「ご」を使わないと乱暴に聞こえるもの（昼、茶、金、酒など）もあります。外来語（トイレ、ビールなど）、天然現象（雨、雪など）、天災（地震、火事など）には使いません。

尊敬語・謙譲語の基本は覚える
敬語を使ううえでよくあるミスは、社外の人と話す際、社内の人に敬語を使うことです。例えばお客様からの電話で「○○様、おいでになりますか」の問いに、「いらっしゃいます」の返事は、高い頻度で耳にします。このミスは、内部を尊重する結果、外部を見下していることになります。

相手を尊重したコミュニケーションは、まず基本を理解し、覚えることがスタートです。尊敬語、謙譲語の基本は2つあります。30分もあれば覚えることができます。一生役に立ちますので覚えてください。

尊敬語、謙譲語の基本１　言葉に一定の言葉をつけ加える

＜尊敬語＞

相手や相手側を敬う意味を表す言葉。主語は相手や相手側。

お（ご）○○になる

例：お［話し］になる、お［聞き］になる、お［尋ね］になる

お（ご）○○なさる

例：お［話し］なさる、お［聞き］なさる、お［尋ね］なさる

○○れる　○○られる

例：［話さ］れる、［聞か］れる、［尋ね］られる

＜謙譲語＞

自分や自分側がへりくだることで相手や相手側を敬う意味を表す言葉。主語は自分や自分側。

お（ご）○○する（自分がする時）

例：お［話し］す、お［聞き］する、お［尋ね］する

お（ご）○○いたす（自分がする時）

例：お［話し］いたす、お［聞き］いたす、お［尋ね］いたす

○○（て）いただく（自分がしてもらう時）

例：［話し］ていただく、［聞い］ていただく、［尋ね］ていただく

生き方上手なコミュニケーション術

尊敬語、謙譲語の基本2　敬った表現に言い換える

	尊敬語（相手や相手側が主語）	謙譲語（自分や自分側が主語）
行く	いらっしゃる、おいでになる	伺う、参る
来る	いらっしゃる、おいでになる	伺う、参る
言う	おっしゃる	申す、申し上げる
居る	いらっしゃる、おいでになる	おる
する	なさる	いたす
食べる	召し上がる	いただく
見る	ご覧になる	拝見する

テスト1〈尊敬語と謙譲語の誤用〉

以下の言葉の正しい（好ましい）言葉遣いを書いてください。

ケース1　駅のお店で：「東京から参られたのですか」

ケース2　デパートで：「カードをお作りしませんか」

ケース3　受付で：「こちらにおかけしてください」

ケース4　外部の人に：「○○様にお会いされましたか」

ケース5　外部の人に：「わたくしどもの社長がおっしゃいました」

回答例は107頁

テスト2〈敬語の誤用〉

　以下の誤った敬語の使い方を、正しい（好ましい）言葉遣いに直してください。

ケース１：田中さんはおられますか。

ケース２：続かれてお入りください
　　　　　お荷物、入れられてください
　　　　　お肌に悩みのあられる方は

ケース３：（ご注文の品は）お揃いでしょうか
　　　　　卵をよくかき混ぜてあげてください

ケース４：洗濯はお手洗いしていただければ結構です
　　　　　（お客様の）友達へのお土産ですか

ケース５：ご利用できます
　　　　　ご乗車できます
　　　　　お買い求めできます
　　　　　タレにつけていただいてください

ケース６：お客様をお連れしました
　　　　　お客様をお呼びしました

ケース７：（そ）したら
　　　　　うちでは
　　　　　いまなにをやられているんですか
　　　　　大きい方のやつですね

Step 2 信頼される言葉を使う

　ある専門学校の女子トイレの貼紙を見て、私の目が点になったことがあります。そこには「しっこは、まっすぐ飛ばせ」と書かれていました。上級生が下級生にトイレを清潔に使用させる目的で貼られたものでしたが、言葉の乱れが日常化している様子がうかがえました。
　ビジネスの世界では、いくら高い能力を持っている人でも、当たり前の言葉遣いができなければ、信頼して仕事を任せられないでしょう。接客業であればなおさらです。

アルバイト言葉を使わない

　ファーストフード店やファミリーレストラン、コンビニエンスストアなどの従業員に対して、間違った言葉遣いの教育が行われ、それがそのまま使われているのが「アルバイト言葉」です。
　下の表を参考に、正しい言い方を身につけましょう。

状　　況	間違い例	正しい言い方の例
代金を 受け取る時	○○円ちょうどお預かりします	○○円ちょうどいただきます
	○○円から、お預かりします （おつりのある場合）	○○円、お預かりします
	レシートのお返しです	レシートでございます
注文の確認で	（復唱の後、ご注文は以上で）よろしかったでしょうか？	よろしいでしょうか？
接客の時	コートの方お預かりします	コートをお預りします
	お皿の方をお引きします	お皿を下げます
注文の品を 出す時	コーヒーになります	コーヒーでございます
要望を 受け入れる時	よろしいですよ・結構ですよ	承知しました かしこまりました・どうぞ

若者言葉は使わない

体育会系の男性に多いのが、自分自身を指すときに「自分は」と話す人です。「これは自分でします」「自分が痛い目にあうのに」などという使い方はしますが、通常は主語として「自分」は使いません。

また、「〇〇じゃないですか」は「〇〇ですよね」あるいは、「〇〇ではありませんか」。「マジっすか」は「本当ですか」が、適切な言い方です。ビジネスの場だからいけないとか、プライベートだから良いというのものではありません。若者言葉はあなたへの信頼を損ねます。

言葉を省略しない

目上の人に同意を表す時に「ですね」は「そうですね」に。相手の名前を確認をする時 「失礼ですが」は「失礼ですがお名前を教えていただけますか」と最後まで言いましょう。言葉を省略することは、相手とのコミュケーションを省略することと考えましょう。

クッション言葉を使いこなす

お願いやお断りをするなど、相手に言いにくいことを言う時に使うと相手の気持ちが和らぐのがクッション言葉です。クッション言葉を使うべき時に使えないと、相手の気分を逆なですることにもなりかねません。

クッション言葉の使用例

クッション言葉	後に続く言葉の例
恐れ入りますが	お名前を教えていただけますか
失礼ですが	〇〇様でいらっしゃいますか
申し訳ありませんが	しばらくお待ちいただけますか
お手数(面倒)ですが	お電話をいただけますでしょうか
よろしければ	こちらにおかけになりませんか
勝手ですが	こちらで〇〇させていただきました
あいにくですが	〇〇は外出しております
残念ですが	売り切れてしまいました

よく使われるのが「すみません」という言葉ですが、様々なクッション言葉を場合によって上手に使いこなしましょう。
あなたのクッション言葉を見直してみてください。

「少々お待ちください」を見直す

待っていただく時に「少々お待ちください」というのは、間違いではありませんが、多用され過ぎているように思います。とにかく「とりあえず『少々お待ちください』と言っておけば良い」というような感じがあります。

レストランで「お水をください」と言われれば「(私が) ただ今お持ちします」。会社でお客様が「〇〇さんはいらっしゃいますか」と言われた時には、「(私が) ただ今確認します」など、「私」が主語の文章にすると印象が良いでしょう。日頃からトレーニングしておきましょう。

わかる言葉を使う

20代から50代までの幅広い人が受講する研修の終了後、研修に対するアンケートをとりました。その中で多かったのが、20代は「熟語が理解できないのでわかりやすい言葉にしてほしい」、40代以降は「カタカナ語は理解できないのでわかりやすい言葉にしてほしい」というものでした。

それ以来、熟語やカタカナ語は、わかりやすい言葉に換えて言うようにしました。その後のアンケートには言葉に関する要望はなくなり、ご理解いただけているようです。

「ケタレいませんか」と尋ねられたのは、人材派遣会社に勤めていた時の電話です。「髪の毛のモデル」を業界用語で「ケタレ」と言うそうです。また、インターネット関連企業からの電話で「アポお願いします」と言われて戸惑ったことがあります。アポイントメント＝訪問の約束を略した言葉でしたが、すぐには理解できませんでした。

今一度、当たり前のように使っている言葉に、わかりにくい流行語、略語、業界用語がないか見直してみましょう。世代や環境により理解できる言葉は違います。

配慮すべき言葉遣い

目上の方へのタブーとして「ホネカキ言葉」があります。尊敬を表したい時「誉める・ねぎらう・可能・許可」の4つの言葉は配慮が必要という意味です。

▷誉める

歌手の和田アキコさんが「デビュー間もないタレントに『和田さんて歌がお上手ですね』って誉められた」と、怒っていました。当然です。和田さんはプロ歌手ですから、上手なのは当たり前ですし、先輩に向かって後輩が「誉める」のは、失礼なことなのです。誉め言葉は、時として相手を評価することになります。誉めるという行為は、目上から目下、もしくは同等でなされる行為です。「（私は）感動しました」「（私は）勉強になりました」など、私が主語の言葉に変えましょう。

▷ねぎらう（労う）

本社の役員が支社に着き、車から降りる際に「ご苦労さまでした」と挨拶して昇進が遅れた人がいます。目上の人に対しての「ねぎらい」の言葉も配慮が必要です。「ご苦労さま」は同等以下の人にしか使えません。目上の人に気遣う気持ちを伝えたいのなら「お疲れさまで（ございま）した」、あるいは「お疲れになりましたでしょう」と言いましょう。

▷可能

例えば自分が作った書類を上司に提出する時に「これ、おわかりになりますか」などの使い方です。聞きようによっては、それを理解する能力が上司にあるかどうかを問うていることになります。自分の書類の書き方が良いかどうかを尋ねるのなら、「こちらでよろしいでしょうか」と言うべきです。

▷許可

　お客様が「このパンフレットいただいていいですか」「配送お願いできますか」「小銭があります」などと言われた時、「いいですよ」と答える人が多いようです。

　このような時、「いいですよ」ではなく「どうぞ」「承知しました」「ありがとうございます」が適切な言葉です。「いいですよ」「よろしいですよ」「大丈夫ですよ」というのは許可を与える言葉です。接客シーンでも相手を尊重した言葉遣いをしましょう。

　相手を思いやる言葉や表現を選ぶ

　方言は地方特有の、その言葉でしか表現できない微妙なニュアンスが含まれる日本文化です。相手に合わせて、共通語も方言も使いこなせるバイリンガルを目指したいものです。ただ、共通語にも方言にも、美しい言葉もあれば汚い言葉もあることを忘れないでください。美しい言葉とは、受け取る相手を思いやって発する音声と言葉です。

テスト３ 〈言葉の選択の間違い〉

　以下は、実際に聞いた言葉です。正しい（好ましい）言葉遣いに直してください。

ケース１　お店で：「かなり、お勧めしております」

ケース２　レストランで：「ビールで結構ですか」

ケース３　電話を切る際の名乗り：「私、田中と申しました」

ケース４　電話で相手の名前を確認する時：「何様でしょうか」

生き方上手なコミュニケーション術

テスト4 〈テレビドラマなどで使われる弊害言葉〉

以下のケースで正しい（好ましい）言葉遣いを書いてください。

ケース1　名刺を出して　：「私、こういう者です」

ケース2：「○○（殿）、参られますか」

ケース3：「では、いただいてみたいと思います」

ケース4：「頑張りたいと思います」

ケース5：「ご紹介させていただきます」

言葉遣いテストの答えと解説

テスト１〈尊敬語と謙譲語の誤用〉の答えの例

ケース１：駅のお店で「東京から参られたのですか」は
「東京からいらしたのですか」
ケース２：デパートで「カードをお作りしませんか」は
「カードをお作りになりませんか」「カードを作られませんか」
ケース３：受付で「こちらにおかけしてください」は
「こちらにおかけになってください」
ケース４：「○○様にお会いされましたか」は
「○○様にお会いになりましたか」
ケース５：外部の人に「わたくしどもの社長がおっしゃいました」は
「わたくしどもの社長が申しました」

テスト２〈敬語の誤用〉の答えの例

ケース１：「田中さんはおられますか」は
「田中さんはいらしゃいますか」
　「おる」とは「いる」の謙譲語です。それに「れる」「られる」を使って無理やり「おられる」と尊敬語にするのは文法的には誤りです。「おる」は丁寧語としての意味合いも持ちますが、最近ではあまり使われなくなりました。
ケース２：「続かれてお入りください」は
「続いてお入りください」
「お荷物、入れられてください」は
「お荷物をお入れください」

　　　　　　「お肌に悩みのあられる方は」は
　　　　　　「お肌に悩みがおあり（悩みをお持ち）のお方は」
　　なんにでも「れる」「られる」をつければ尊敬語になるわけではありません。
ケース３：「（ご注文の品は）お揃いでしょうか」は
　　　　　　「揃いましたでしょうか」
　　　　　　「卵をよくかき混ぜてあげてください」は
　　　　　　「卵をよくかきまぜてください」
　　物に対しては敬語は使いません。
ケース４：「洗濯はお手洗いして頂ければ結構です」は
　　　　　　「洗濯は手洗いをお願いします」
　　　　　　「（お客様の）友達へのお土産ですか」は
　　　　　　「ご友人へのお土産ですか」
　　丁寧語の「お」や「ご」は正しく使いましょう。
ケース５：「ご利用できます」は
　　　　　　「ご利用になれます」
　　　　　　「ご乗車できます」は
　　　　　　「ご乗車になれます」
　　　　　　「お買い求めできます」は
　　　　　　「お買い求めになれます」「お（買い）求めいただけます」
　　　　　　「タレにつけていただいてください」は
　　　　　　「タレにつけて召し上がってください」
　　街中に氾濫する看板やチラシ、多くの案内に見られる間違いです。
ケース６：「お客様をお連れしました」は
　　　　　　「お客様をご案内しました」
　　　　　　「お客様をお呼びしました」は
　　　　　　「お客様をお招き（迎え）しました」
　　「お客様をお連れしました」などは相手を軽んじた使い方です。
ケース７：「（そ）したら」は
　　　　　　「そうしましたら」

「うちでは」は
「弊社では」「当店では」などと使います
「いま何をやられているんですか」は
「いま何をなさっているのですか」
「大きい方のヤツですね」は乱暴です。
「大きいほうの商品でございますね」としたいものです。
　「(そ) したら」「うちでは」などの問いの言葉は、丁寧語ではありません。乱暴ですし、下品で極めて雑な使い方です。

テスト3 〈間違った言葉遣い〉の答えの例

ケース1：「かなり、お勧めしております」は
　　　　　「自信を持ってお勧めしております」となります。
　「かなり」は不適当です。
ケース2：「ビールで結構ですか」は
　　　　　「ビールでよろしいですか」
　「結構」は疑問形には使いません。
ケース3：「私、田中と申しました」は
　　　　　「私、田中と申します」
　自分の名前を過去形にするのは間違いです。「私、田中と申しましたが、今は結婚して山田と申します」と続きそうです。
ケース4：「何様でしょうか」はこちらから電話をかけている場合は
　　　　　「○○様でいらっしゃいますか」。
　　こちらが受け手であれば
　　　　　「どちら様でしょうか」です。あるいは「お名前をもう一度教えていただけますか」などと言います

テスト4〈テレビドラマなどで使われる弊害言葉〉の答えの例

ケース1：名刺を出して「私、こういう者です」は
　　　　「私、○○と申します」
　よくテレビドラマでこのようなシーンがありますが、実際のビジネスの場面では失礼です。きちんと名前を名乗りましょう。

ケース2：「○○殿、参られますか」は
　　　　「○○様、いらっしゃい（おいでになり）ますか」
　時代劇でよく聞きますが、現代では、「殿」は同等以下にしか使えません。社内文書などで使用するのを見ますが、「様」にしましょう。「参る」は謙譲語で「私は行きます」という時に「参ります」と言いますが、目上の方には、尊敬語で「いらっしゃいますか」「おいでになりますか」と言います。

ケース3：「では、いただいてみたいと思います」は
　　　　「では、いただきます」
　グルメ番組などでよく耳にします。お店に入る時、「では、これからお店の中に入ってみたいと思います」も不適切です。今からそれをするというと時は「します」とした方が適切です。

ケース4：「頑張りたいと思います」は
　　　　「頑張ります」
　決意表明をする時によく耳にします。「思う」だけで、「頑張ることができないかも」という自信のなさがうかがえます。本気でしたら堂々と「頑張ります」と言う方が、気持ちよく感じられます。

ケース5：「ご紹介させていただきます」は
　　　　「ご紹介します」
　「させていただきます」は「いたします」に比べて謙虚な感じですが、くどい感じがします。特に「○○を始めさせていただきます」「それではまず○○をご紹介させていただきます」などと続けて用いられると、謙虚さの押し売りをされているようです。

第 3 章
良い生活習慣を身につける

なんとなく疲れを感じるあなた

　風邪をひいた時、あなたはどうしますか。マスクをしたり、薬を飲んだり、病院に行くことでしょう。しかし本当は、風邪をひいてからの対処より、ひきにくい身体づくりの方が良いことは誰でも知っています。
　ストレスも同じことです。ストレスに陥った時の対処も重要ですが、ストレスに強い心身の体力づくりの方が良いのです。ストレスに強い心身の体力づくりには、なにをするのか、難しいことではありません。「やりたいけど……」「やらなければ……」と思いながら先延ばしにしている生活環境を整えることです。
　生活環境はその人の望む状態であればＯＫで、正解があるわけではありません。でも、もし、あなたの望まない状態があれば、意識して、環境整備の行動を起こしましょう。
　では、ストレスに関わる生活環境の現状を右の表でチェックしてみましょう。まず、あなたはよい睡眠が取れていますか、食事はきちんとれていますか。10段階で評価してください。
　自分の回答を見て、気づくことはありませんか。

良い生活習慣を身につける

生活環境の管理及び実践状態

睡眠
  不足　　　　　　　　　　　　　　　充分
   0—1—2—3—4—5—6—7—8—9—10

食生活の管理
  不足　　　　　　　　　　　　　　　充分
   0—1—2—3—4—5—6—7—8—9—10

飲酒・喫煙の管理
  不足　　　　　　　　　　　　　　　充分
   0—1—2—3—4—5—6—7—8—9—10

定期的な運動
  不足　　　　　　　　　　　　　　　充分
   0—1—2—3—4—5—6—7—8—9—10

体重の管理
  不足　　　　　　　　　　　　　　　充分
   0—1—2—3—4—5—6—7—8—9—10

リラックス・時間を忘れる趣味
  不足　　　　　　　　　　　　　　　充分
   0—1—2—3—4—5—6—7—8—9—10

仕事以外の人間関係
  不足　　　　　　　　　　　　　　　充分
   0—1—2—3—4—5—6—7—8—9—10

自然に触れる時間
  不足　　　　　　　　　　　　　　　充分
   0—1—2—3—4—5—6—7—8—9—10

食生活の管理

　身体がだるく意欲も持てない人が、心療内科を訪れて得た診断が「栄養失調」だったという、笑えない話があります。心身を創るのは、毎日の食事です。改めて、ここ1週間の食生活を振り返ってみましょう。

　あなたの食生活表を書いてみていかがでしたか。できれば避けたいのが、インスタント食品、ファーストフード、冷凍食品、菓子やジャンク

1週間の食事記録　期間　　年　　月　　日〜　　月　　日

曜日	日付	朝食	昼食	夕食	間食
日					
月					
火					
水					
木					
金					
土					

フード（ポテトチップなどのスナック菓子）です。
　食品関係の会社に勤めるある人の1日の食事例を書き出してみました。
　　朝食：どら焼き2個
　　昼食：ハンバーガーとコーラ
　　夕食：インスタントの焼きそば
　　間食：チョコレート
　なんと、菓子とファーストフードとインスタント食品で1日を過ごしていました。仮にこの食生活が続くと、身体が必要としている新鮮な栄養素は不足し、当然気力にも影響がでます。
　コンビニエンスストアにある便利な食品には添加物や防腐剤が入っています。防腐剤入りの食品を多量に摂取する食生活を送っていた人の遺体は、腐りにくいという恐ろしい話も聞きました。私たちの生活でコンビニエンスストアは欠かせませんが、食品を買う時の選択基準に、添加物の内容も加えてください。
　では、どのような食生活が良いのでしょうか。体質も様々で一概に言い切ることはできませんが、伝統的な日本食は私たち日本人の身体には良いと思います。
　「孫はやさしいか」のキーワードで、伝統日本食の摂取をチェックしてみましょう。

　　ま　　豆類
　　ご　　ゴマ
　　わ　　ワカメなどの海藻
　　や　　野菜類
　　さ　　魚
　　し　　シイタケなどのキノコ類
　　い　　芋類
　　か　　果物

そして、食べ方は、
- **食べ過ぎない** ⇨ 腹八分は医者いらず。
- **よく噛む** ⇨ 消化吸収を高める・歯周病予防・ダイエット効果。
添加物のマイナス要素を唾液が減らす。
- **規則正しく** ⇨ 身体のリズムを大切にする。
- **季節の新鮮な食材をいただく** ⇨ 季節の物はエネルギーがある。
- **偏食を避ける** ⇨ バランスよく食べる。

今こそ、私たちの身体をつくる食について考える時だと思います。

時間を管理する

Step 1　1日の時間の使い方を知る

　誰にでも平等に与えられているのが「時間」ですが、多くの人が「時間がないからしたいことができない」と言います。ところが明らかに私たちより忙しくても、不思議に趣味や読書の時間を持っている人がいます。時間を増やすことは不可能ですが、時間の使い方を工夫することはできそうです。

　平日と休日の平均的な時間の使い方を図にしてみましょう。

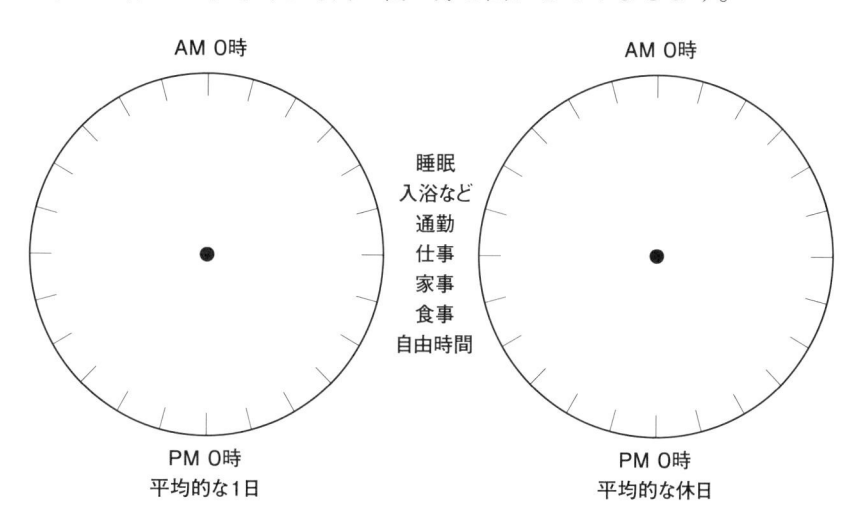

AM 0時　　　　　　　　　　　　　　AM 0時

睡眠
入浴など
通勤
仕事
家事
食事
自由時間

PM 0時　　　　　　　　　　　　　　PM 0時
平均的な1日　　　　　　　　　　　平均的な休日

Step 2　1週間の時間の使い方を知る

　さらに、作成した1日の時間の使い方を参考にして、1週間分（24時間×7日＝168時間）ではどんな時間の使い方をしているか計算してみましょう。

あなたの1週間の時間の使い方

活動		時間	合計時間
生活に要する時間	睡眠		
	食事、入浴、身づくろい		
	その他の家事		
	通勤		時間①
仕事の時間	仕事		時間②
168時間（24時間×7日）－（①＋②）＝自由時間　　　時間			

Step 3　1週間の時間の使い方をグラフにしてみる

　上の時間割をもとに下のグラフを完成させましょう。
　図にすると、具体的に目に見える形で自分の時間の使い方がわかり、自分の時間を把握しやすくなります。

▼0時間　　　　　　　　　　　　　　　　　　　　　　168時間▼

　　　　　　　50時間▲　　　100時間▲　　　150時間▲

例

仕事の時間	生活時間	自由時間

　自分の時間を振り返っていかがでしたか。生活と仕事ばかりに時間を使い、自由時間がほとんどないということはありませんか。自由な時間

は生活を元気にします。自由な時間を持ちましょう。ポイントは、隙間時間の活用と、家事などを要領よく工夫して時間を生み出すことです。

　自衛隊員は、朝の身支度の時間が25分と決まっています。寝具をきれいに整え、洗顔をし、身支度をし、食事もして25分です。誰でも最初は時間が足りないそうですが、工夫を重ねていくにつれ要領が良くなり、25分でも時間が余るそうです。

Step 4　理想とする時間の使い方とそのための工夫

　あなたが時間を作ってやりたいことを書き出してみてください。その時間を作るためにどのような工夫があるでしょうか。考えてみてください。

時間を作ってやりたいこと	時間を作るための工夫
1	
2	
3	
4	
5	

　「良い講師の条件は、時間ピッタリに終わること」と司会者に言われ、冷や汗が出たことがありました。研修では少し時間をオーバーすることもあり、「これからは時間厳守」と肝に銘じたものです。

　古代ギリシャでは、時間にも質という概念があり、質の高い時間とは、楽しく、充実し、喜びを感じ、時が過ぎるのを忘れるようなものだとしていました。あなたのすべての時間の質を高めることができれば、あなたはもっと元気になるでしょう。

お金の管理

意識格差が格差社会を作る

　今、私たちが生きている社会では、お金と人生について考えなければならない機会が増えてきています。
　少子高齢化が進む現代は、年金問題、医療費の増加、そして増税など負担が増える一方です。だからといって、悲観的な気持ちになり、マイナス思考にはなりたくないものです。誰にとっても、働ける時間も収入も無限ではありません。だからこそ、自分の人生とお金について前向きに考え、お金の管理に関して、今から始められることは実行してみまし

120

ょう。

　国民の8.5人に1人が消費者金融利用者というデータがあります。仮に、この人たちがお金の返済に追われる状況になれば、他者との良いコミュニケーションを考える余裕などなくなるでしょう。

　このような状況の原因はなんでだと思われますか。

　収入が少ないからだと多くの方が思うでしょう。でも、それは違います。その人自身の「お金に対する意識」が原因なのです。今世の中で言われている格差社会の本質的な格差は、意識格差でもあります。

　以前コンサルティングに来られた、大手上場企業で働く優秀なサラリーマン社員のケースですが、高収入にもかかわらず貯金が全くなく、逆に借金が膨らんでいました。この方は収入を全部を使い切っている状態でした。

　また一方で、中小企業の総務を担当され、収入では一般の平均よりも少ない方が預貯金をきっちりされ、もちろん借金もなく余裕のある生活をしていました。

　このことは男女の差はありません。また、1つの傾向として親元で暮らしている人は、全く貯金がない人が多いようです。30歳代の人で年収300万円で一人暮らしをしていても、500万円も貯金している方もいます。

　これは、お金に対する意識の差の結果です。その人のお金の状態は、その人の人生を正直に表しています。

　お金に対する意識差は、新入社員としてスタートした時の社会環境もかなり影響しているようです。バブル期に入社した方と、就職の氷河期の方とでは、お金に対する意識差が随分とあります。また、勤務している会社の雰囲気、先輩の影響などもあるようです。

　とはいっても、お金の管理はその人の全く個人的なことです。上司や友人でもお金に関しては個人の問題として、注意しません。

　そして、「なんとかなるさ」と思っても、なんとかならないのがお金です。お金で問題があればお金でしか解決できません。

自己責任の時代といわれるこれからは、自分の未来は自分で守っていかなくてなりません。
　では、どうすればよいのでしょうか。簡単な３つのステップを紹介します。

Step 1　予算化する

あなたのお金の棚卸

　お金とは一生付き合っていかなければいけません。お金の管理がうまくできないと、結局はお金に人生を支配されてしまいます。
　では、上手に管理していくとは、どんなことをすればいいのでしょうか。
　お金の管理というと、家計簿を毎日つけたり、毎月収支を出したりしなければ……と、すぐにめんどうだと思う方も多いでしょう。そう思う前に考えていただきたいのは、「なんに使うのか」を考えるということです。つまり、管理のために必要なことは、まず予算化。そこで、ずぼらな私が実践している方法をやってみましょう。
　まず、次表を使って自分がお金をなにに使っているか、棚卸してみてください。
　家計にはほとんど同じ金額の支出「固定費」と、月によって変わる「流動費」があります。固定費は月間か年間、流動費は年間でアバウトに出してみましょう。結構使っているな……と思いませんか。また、使途不明金もあったと思います。
　そこで、それをもとに年間で予算（概算）を立てていきます。
　ここでのポイントは、あくまで「年間予算」を立てることです。支出にも年間のリズムがあります。夏休み、年末、年始、新学期などは他の月に比べて支出が多くなるものです。年予算の管理にすると、使い方が変わり、メリハリをつけた支出が可能になります。
　例えばレジャー費用として、夏と冬に家族旅行または帰省に使い、そ

良い生活習慣を身につける

あなたのお金の棚卸表

収入	月	賞与	年間計
夫の収入			
妻の収入			
一時的な収入			
計①			

支出	毎月	賞与	年間計	（予算設定）
住居費				
生活費				
食費・日用品費				
水道光熱費				
通信費(ネット代含む)				
交通費(ガソリン代含む)				
被服費				
教育費				
保険料				
生命保険				
保険料				
損害保険料				
レジャー・交際費				
夫、小遣い				
妻、小遣い				
その他ローン（車など）				
一時的な支出				
計②				
年間収支①－②				

金融資産		
貯蓄		
普通預金		
定期預金		
投資信託		
債券		
株式		
その他		
計		

して他の月は節約するなどです。

　被服費なども季節の変わり目に賢くバーゲンで買う。交際費も冠婚葬祭として予備費を予算に入れておくこともできます。支出の予算化は精神的にも安心感が出てきます。

　あとは半年に1回、決算をします。予算がちゃんと守れたかをチェックしましょう。

　予算をオーバーした部門があれば、下半期はその分節約します。そして年間できっちり守れるようにがんばりましょう。

貯蓄の目標額を決める

　予算化の作業で一番大切なのは、年間貯蓄を決めることです。年間予算で必要な支出は極端に削るのはきびしいので、自由に決められるWANT（したい）の支出を検証してみましょう。

　もちろん教育資金、住宅の資金、車の資金など「いつまでに」「いくら」の計画的な貯金額もおのずと決まってきます。

　今のWANTを優先すると、未来の自分がその結果を刈り取らなければいけないのです。そのことをふまえると、確実にためるためには、「収入－貯蓄＝生活費＆自由なお金」となります。

　給料、ボーナスが出たら、必ず収入から貯金分を別の貯金用口座に移しておきましょう。そして、予算内で支出を管理するのです。これをルールにしていれば、だんだんと予算内の生活に慣れてきます。

　貯蓄の目標額を持っている人ほどお金を貯められるようです。まず、手の届く範囲で具体的な目標額を決めてみてはどうでしょうか。自分にコミットメント（宣言）すれば、必ずできるはずです。

Step 2 銀行口座を活用したカンタン管理法

とっても便利で簡単なのが銀行口座を活用した管理法です。

最近は支払にカードを使う人も増えています。カードは常に後払い、しかもキャッシュレスなので実感がないため、見えなくなりやすいという落とし穴があります。

カードで買ったものは手帳に書くか、カードの利用明細を保存して、必ず集計して、金額を記録しておきましょう。くれぐれも予算をオーバーしないように気をつけましょう。

お金の使用目的で幾つかの口座を作り、口座別に1月ごとに予算を入金すると、月の予算内で収まるようになります。残高をチェックしながら、使うペースを管理します。年間予算は、別に口座をつくってプール

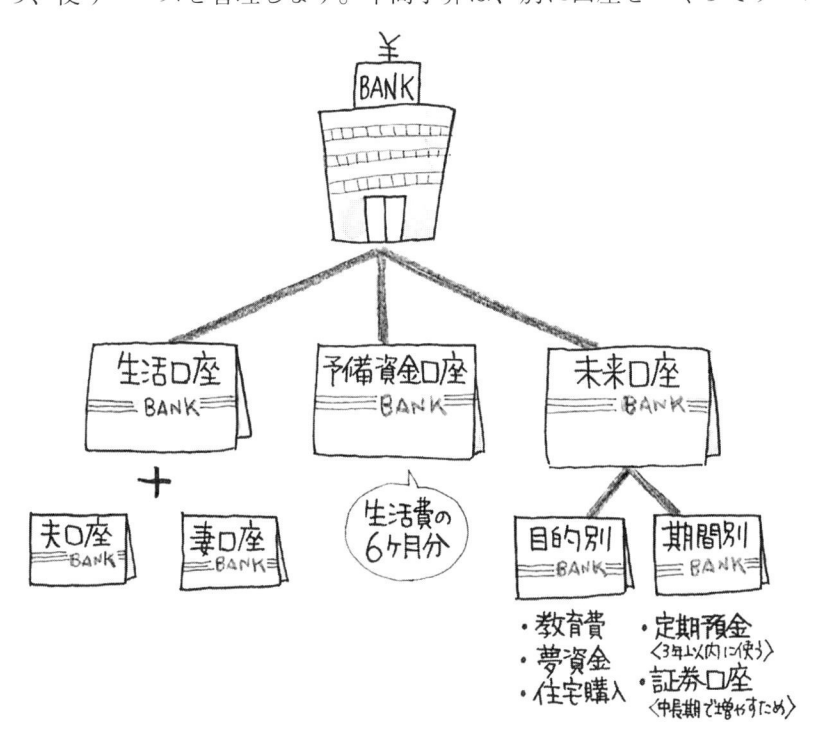

しておくとよいでしょう。

　また、貯金は1〜3年以内に使い道があるものは、普通預金か定期預金へ入れます。それ以上の長期においておけるものは運用にまわし、増やした方がよいでしょう。

Step3 これからの人生の見積り

人生資金計画表の活用

　何歳になっても、穏やかに生活するためには、これからの人生資金計画をイメージしておくことです。そうすれば土壇場になって大慌てすることも少ないでしょう。

　人は誰でも歳をとります。気力体力がみなぎっている時期も永遠ではありません。これから私たちが迎える超高齢社会は今までとは想像できない社会となるでしょう。

　老後の準備は一番大きなお金を必要とすると思います。そして、仕事を離れて自分の本当に自由な時間を持てるのも、老後なのです。

　余裕のある老後に必要な資金は、夫婦で年金を月額25万としても、預貯金が約3000万円は必要とされていますし、もし年金がこれ以下であればさらに必要になってきます。この資金の準備は長期にわたってこつこつと積立運用しなくては追いつきません。そのために、ファイナンシャルプランニング表「人生資金計画表」を活用しましょう。

　「人生資金計画表」は1年のお金の管理が時間軸で、自分や家族が何歳の時にどのように収支見込みが推移するのかを書いていくものです。

　出費が多くなる時期、例えばお子さんの進学、住宅購入などで実際に家計にどのぐらい負担を与えるか。預貯金はいくら必要かなど、ご自身で計算しても大変な作業になりますので、一度ファイナンシャルプランナーに作成を依頼することをお勧めします。それを人生の未来地図としてお金の管理をしっかり考えましょう。

良い生活習慣を身につける

人生資金計画表

単位：万円

記入例）

お名前		経過年数	現在	1年後	2年後	4年後	7年後	10年後	13年後	16年後	17年後	25年後	35年後	45年後
項目・物価上昇率		平成	20	21	22	24	27	30	33	36	37	45	55	65
		西暦	2008	2009	2010	2012	2015	2018	2021	2024	2025	2033	2043	2053
イベント	福岡一郎	年齢イベント	35	36	37	39	42	45	48	51	52	60 定年	70	80
	福岡和子	年齢イベント	32	33	34	36	39	42	45	48	49	57	67	77
	福岡太郎	年齢イベント	6	7 小学校	8	10	13 中学校	16 高校	19 大学	22 4	23 独立	31	41	51
	福岡花子	年齢イベント	3	4 幼稚園	5	7 小学校	10	13 中学校	16 高校	19 大学	20	28	38	48
	家族のイベント	―			家購入							家ローン完済		
収入	夫の収入	1.0%	450	455	459	468	482	497	512	528	533	577	229	253
	妻の収入	0.0%	96	96	96	96	96	96	96	96	96	96	78	78
	その他の収入	―										1,000		
	Total	―	546	551	555	564	578	593	608	624	629	1,673	307	331
支出	基本生活費	1.0%	250	253	255	260	268	300	309	315	318	345	275	303
	住宅費	0.0%	84	84	84	108	108	108	108	108	108	108	0	0
	保険料	0.0%	24	24	24	35	35	35	35	35	35	35	0	0
	教育費	0.0%	36	36	36	36	40	52	185	260	130	0	0	0
	その他の支出	0.0%	30	30	30	30	30	30	30	40	40	20	20	20
	一時的な支出	―			500							856		
	Total		424	427	929	469	481	525	667	758	631	1,364	295	323
	年間収支	―		122	124	-374	95	97	68	-59	-135	-2	1,309	12	7
	貯蓄残高	1.0%	400	528	159	352	659	952	1,042	812	818	2,013	1,187	1,517

心身ともに余裕のある生活を

　社会の働くスタイルにも変化がおきています。正社員ではない、派遣社員として働く人が増えています。派遣で働く方は社会保障（健康保険、年金）も自分で準備しなくてはいけません。国も会社も、当てにはできないのです。これからは、私たちとお金をとりまく環境はますますきびしくなるのです。

　人生とは切っても切れないお金……その管理の上手、下手は私たちの日頃の意識の差でプラスにもマイナスにも積み上がっていきます。

　人生をお金に支配されるのではなく、お金を便利なツールとしてしっかり管理して、心身ともに余裕のある人生を送っていきましょう。

私の人生資金計画表

お名前		経過年数 西暦	現　在	年後	年後	年後
ライフプラン		年齢 イベント				
		年齢 イベント				
		年齢 イベント				
		年齢 イベント				
	夢プラン					
収入	夫の収入					
	妻の収入					
	その他の収入					
	計					
支出	住居費					
	生活費					
	教育費					
	保険料					
	レジャー・交際費					
	その他のローン					
	一時的な支出					
	計					
年間収支						
貯蓄合計						
運用資産						
金融資産　総合計						

ホームページ http://www.tim-fp.com でこの表のダウンロードができます。
ご自身の人生資金計画表を作成してみましょう。

良い生活習慣を身につける

単位：万円

年後	年後	年後	年後	年後	年後	年後	年後

生活環境の管理

なぜ清掃をするのか

　秋月オフィスに整理・整頓・清掃・清潔の研修依頼が来ました。はじめは「誰でもできるし、やっている掃除の研修ですか」と戸惑いました。しかし、仕事上色々な企業を訪問しますが、整理・整頓・清掃・清潔が行き届いている会社は業績も良く、社員の質も高く、反対に整理などが乱れている会社は業績が振るわず、後で倒産のニュースを聞くこともありました。そのことを考えると、たかが掃除とは言えない、業績にも大きな影響を与える重要なものだと思いました。

　それ以来、「整理・整頓・清掃・清潔」。そして、それを習慣にする「躾」を加え、「5S研修」として積極的に研修を推進しています。講師の野元朋子が、この件に関しては高い知識と能力の持ち主で、より質の高い研修ができています。

　研修を実施した会社からは「お掃除をした後は、気持ちが良い」「動線が良くなり、効率が上がった」「捜し物がなくなった」など整理・整頓の効用だけでなく、「売上が上がった」「チームワークが良くなった」など業績やコミュニケーションにも良い効果がでたと報告をいただいています。

　学校も同じで、トイレの清掃が行き届いているかいないかで、生徒の状態がわかります。また乱れた学校の立て直しを、清掃活動から始める場合も多いのです。もちろん、家庭環境も整理・整頓が心地良さのキーポイントです。いつもいる場所の状態が良くなれば、心にも影響し、コミュニケーションも良い方向に変わっていきます。

整理・整頓のメリット

主なものをあげます。
○時間の短縮(物を捜す時間がなくなる。簡単に取り出せる)。
○お金(経費)の節約(物が長持ちする。無駄なものは買わない。物を大切にする気持ちが生まれる)。
○動線が良くなる(行動がスムーズ)。
○失敗が少なくなる(忘れ物、遅刻、事故)。
○ストレスが減る(環境で人は変わる)。
○達成感が得られる(小さな成功体験の積み重ねが自信になる)。
○生き方が変わる(過去への執着心を捨て、未来へのエネルギーが高まる)。

5つのSで始まる生活環境を整えるポイント

「生活環境を良くしたいけれども、どこから始めてよいかわからない」と言う人は多いようです。この問題を解決するポイントが5つのSです。

整理　不要なものを捨てる。
整頓　取り出しやすく、しまいやすくする。
清掃　きれいに掃除する。
清潔　整理・整頓・清掃が維持された状態。
躾　　4つのSが維持、習慣化した状態。

最初に5Sを採り入れた、株式会社イエローハットでは、社員が会社の車を清掃することで、事故が減ったそうです。自分の使う物を大切にすることは、自分の命を大切にすることにもつながります。

生活環境を整えるために実践しましょう。

Step 1　まずは不要な物を捨てる整理

自分にとって必要か不要かの判断基準を持つことから始めます。家や会社のメタボリック症候群の改善です。

① 埃をかぶっている場所から始める。そういう所は長期間放置され、処分できる物が多くあります。

② 活用していない物の整理。要る物、要らない物という考え方ではなく、何年間も使っていない物は、思いきって処分しましょう。思い出の品、自分にとって大切なものは別に残すとして、手入れをするようにしましょう。骨董品でも、手入れをしないとただのガラクタになります。

ある会社で５Ｓの研修をした際のこと、「うちの支店はトラック１台分捨てた」「いや、うちの支店はトラック２台分捨てた」と、不要品の量の自慢大会になりました。自慢することではないと、思わず笑ってしまいましたが、それだけ不要品があふれているということです。

Step 2　整頓

整頓のポイントは次の５つです。

① 物の定位置を決める。物がちらばって乱雑になる原因は、物の住所がないからです。物の住所を決めましょう。

② 取り合えず置くことを止める。「取り合えず置くこと」が重なると、段々乱れてきます。

③ 収納場所は使用頻度を考える。使用頻度が高いものは、取り出しやすく、しまいやすい場所に収納しましょう。

④ 引き出しのなかになにが入っているかわかるようにラベルを貼る。元に戻すには、一目瞭然に場所がわかることが必要です。特に複数の人が使用する物が入っている引き出しはラベルを貼りましょう。

⑤ 収納家具の色、形、高さをそろえると、機能性と美しさがより向上します。

注意してほしいのは整頓のために収納家具を買い、家や事務所を狭くすることです。これでは主客転倒です。

Step 3　そして清掃

　埃が簡単に取れる便利な商品がたくさんありますが、窓は月に1回、トイレは週に2回といったサイクルを決め、手と雑巾を使った清掃が衛生と心の環境を整えます。

　ポイントをお伝えしましょう。

①雑巾はきれいなものを使う。雑巾を手に取る時、無意識に親指と人差し指でつまんで持っていませんか。汚い雑巾で拭くと、きれいな

良い生活習慣を身につける

物でも汚くなってしまいます。物を美しくしたいのなら、雑巾の色は真っ白のイメージです。どれだけ汚れが取れたかもわかり、達成感につながります。

②雑巾は、薄手のタオルが一番。いわゆる雑巾に縫ってしまうと、拭くのは裏表の2面ですが、タオルはより多くの面が使えます。旅先の旅館でいただいた薄手のものがおすすめです。タオルを折って使いましょう。

③こまめにバケツの水を替える。水替えを頻繁にすることで、拭きむらがなくなり垢抜けします。まっ黒な水で雑巾を洗えば当然雑巾は汚れたままです。その雑巾で拭けば汚れをつけるだけです。

④雑巾の水分の量を汚れによって調整する。汚れのひどいものは最初は緩めのもので、仕上げは硬くしぼったもので拭きましょう。
⑤汚れにあった洗剤を使う。汚れの種類は、埃、水アカ、湯アカ、手アカ、油汚れなどあります。汚れに応じて洗剤や清掃の仕方が違います。洗剤を使わなくとも、重曹と酢でかなりの汚れは取れます。

汚れは、「拭く⇨洗う⇨こする⇨磨く⇨削る」と汚れの状態に合わせ手法を変え、しょうがないと諦めないことです。汚れを取るという強い信念を持ちましょう。きれいにするには汚した期間と同じだけ時間がかかります。

Step 4　清潔

整理、整頓、清掃がきちんとできると自然と清潔が保たれます。そのために、Step 5の「清潔を維持する習慣」つまり、躾を身につけましょう。

Step 5　清潔を維持する躾

①歯磨きしながら洗面所の鏡や蛇口を磨く。
②食後のお茶を入れながら食器を洗う。
③電話しながら気になる場所を拭く。
④ごみ出し日は冷蔵庫や引き出し、戸棚をチェックし、不用品があれば一緒に捨てる。
５Ｓ実践の流れを紹介します。
See　：観察し、埃のある部分、気になる場所をリストアップする。
Think　：時間内にどの場所を優先して掃除するかを考える。
Plan　：対象場所と担当者、適当な洗剤や道具を決める。
Do　：実行する。
Check：清掃終了後、意見交換をし次に活かす。清掃前の写真を撮り、

整理・清掃の前後を比較すると、見違えるようにきれいになった状態がよくわかります。このことは達成感につながり、清潔の維持にもつながります。そして、この繰り返しが躾の維持です。

他人の目で見る、計画する、楽しむ

よそに行くと目につく埃やクモの巣は、自分の家では目に入りません。時折、自宅や会社を他人の目で見て、不要な物が並んでいないか、効率の悪い入れ方、置き方をしていないか、そして埃がたまっていないか見直してください。きっと気づくことがあるはずです。

清掃実習をした後では「部屋も身体も心もスッキリ、そして楽しかった」の言葉を必ず聞きます。なぜか整理・整頓・清掃をすれば楽しくな

ります。整理・整頓・清掃のレジャー効果、ぜひお試しください。

　5Sを進めると、同時に3Rも進めることができます。3R（スリーアール）とは、リサイクル（Recycle、再資源化）、リデュース（Reduce、廃棄物の抑制）、リサイクル（Reuse、再使用）の頭文字を取ったものです。

　あるスーパーでは賞味期限が切れた食材をきめ細かに整理し、生ゴミと一緒に肥料に再資源化し、イベントなどでお客様にプレゼントしています。また、使わないロッカーや机を社内メールで他店に知らせています。廃棄物の抑制と再使用です。

5S実施計画表

整理・清掃場所 （優先順位）	担当者	実施日・時間	目標期限	備考 （必要な洗剤など）

心を元気に

健康とは

　世界保健機関（WHO）が決めた21世紀の健康な人の定義は「不調なところを自分でコントロールし、周囲に健康的な環境を与えられる人」です。つまり、誰もがストレスを含めて、不調なところを持っていることを前提とし、自分を管理し、他者とコミュニケーションできる人が健康ということです。忙しい時ほど、自分の状態に気づきにくいのですが、意識して配慮したいものです。ここでは、心を元気にする5つの法則をお伝えします。

法則1　五感を大切にする

　五感がうまく働いている時は、心が元気な状態です。いつも心が元気な状態でいるためには、五感を意識して磨いておくと良いでしょう。五感とは視覚、聴覚、触覚、味覚、嗅覚です。

　研修で五感を感じるために目隠しをして歩いていただくことがあります。約9割の情報を得ているといわれる視覚を働かせている時は、他の感覚が薄れています。視覚を使わないようにすると、他の感覚が敏感に働きます。車の音や、鳥の鳴き声が今まで以上に耳に入り、足の裏は地面のアスファルトの温かさや、砂利の硬さを感じます。花屋の前では、花の香りを感じます。目隠しがなければ、砂利の硬さや花の香りまでは気づかないはずです。

　五感を磨くために、次のようなことをやってみましょう。

　花を見て「きれい」、美味しいものには「美味しい」、お風呂に入った時は、「あー気持ちいい」と声に出して言います。

　仮にそのように思わなくても、言葉に出すことで感情が豊かになり、

五感が磨かれていきます。
　季節を楽しむことも五感を豊かにします。季節の景色や催しも積極的に楽しみましょう。
　四季折々の、あなたがすぐ思い浮かべる自然や催しはなんでしょうか。書き込んでみてください。
　季節ごとのイベントを計画し、楽しむのも元気になる方法です。

季節	自然 （植物・鳥・食べ物など）	イベント	色のイメージ
春	桜		ピンク ライトグリーン
夏	新緑　海		グリーン　ブルー
秋	紅葉		赤　オレンジ
冬	雪景色		白　グレイ

法則2 感謝の心を育む

「現代人をストレスから救うのは東洋の心、それは感謝です」とは、ストレスという言葉を心理学の世界で初めて使った生物学者のハンス・セリエ博士の言葉です。感謝の気持ちは「ありがとう」「お陰さまで」「いただきます」などで表します。

食事の際の「いただきます」は、食事を調理した人や、食材を育てた人、その食材を育んだ自然環境、食材の命そのものをいただく感謝の言葉です。しかし、給食時に「いただきます」の斉唱を促す先生に、「給食費を支払っているので食べるのは当然だ。うちの子にいただきますと言わせないでください」と言う親がいるそうです。

「いただきます」という感謝の言葉を教えられない子どもは、感謝の意味も理解できない大人になってしまうでしょう。親が一所懸命に育てても子どもからは「親だから育てるのは当たり前」と思われても仕方のないことです。

最近の研究で、感謝の心は痛みを軽減することがわかってきたそうです。私たちは病気などの苦難に遭うと嘆くことが多く、感謝の種を見つけようともしませんが、感謝の種はどんな所にもあるものです。当たり前のように思っていたことでも、失って初めて有難さに気づくということもあります。"nobody is perfect" 完璧な人はいませんし、"nothing is parfect" 完全なこともありません。

さて今、あなたが感謝できることはなんでしょうか。

法則3 「ありがとうございます」をたくさん言う

「仕事をしていて一番嬉しい時はどんな時ですか」と研修で尋ねますと、「お客様や会社の人に『ありがとう』と言われた時です」と答える人が100％です。

「ありがとうございます」が欲しいならば、まず自分自身が、「ありが

とうございます」と言えるチャンスに「ありがとう」をたくさん発することです。

例えば、なにかの予約を受けた時「結構ですよ」と言いがちですが、その時こそ「ありがとうございます」という言葉を使うチャンスなのです。「ありがとうございます」と言うことができれば、相手からも「ありがとうございます」と返ってきます。

接客研修で、お客様役、接客担当者役、観察者役に分かれて、ロールプレイ（役割演技）をすることがあります。その際、観察者に接客担当者の「ありがとうございます」を数えてもらうと、同じ時間で１回の人もいれば、十数回言っている人もいます。

あなたは１日に何回「ありがとうございます」を言っていますか。もし、あなたが「ありがとうございます」と言われたいなら、日常のコミュニケーションで「ありがとうございます」をたくさん言いましょう。

法則4 他者の喜ぶことを１日に１つする

オーストラリアのパース（西オーストラリア州の州都）にあるダマローカ仏教センターは、西オーストラリアで唯一の仏教を伝える場所です。金色の大きなお釈迦様の像の背景は素通しのガラス窓で、裏庭の緑が一面に見え、開放的な空間です。そのセンターで、イギリス人のゴラム和尚がお話しになる日は多くの信者が集まります。ゴラム和尚は「一日一善を日記に書いておくと、満足感と平安が得られる。昔の善行も書いておくと、天国に行く貯金になる」とおっしゃいます。富も名誉もあの世に持って行けませんが、善行だけは持って行けるのだそうです。

博多のお菓子「通りもん」で有名な明月堂の秋丸純一郎営業本部長が十代の時のことです。家業の手伝いで、遊びたくても遊べない辛さを解消するために、一日一善を決意しました。１日に１回、誰かが喜ぶことを意識してやり、それを手帳に書きとめたのです。手帳に書かれていく一日一善が、「自分は他者にとって喜ばれる存在である」という喜びと

なり、遊べない辛さを忘れることができたそうです。

　高齢者や障がい者、妊婦へのサポート技術を学ぶユニバーサル・サービスの研修を、社団法人公開経営指導協会が実施しています。その研修は、単に技術を学ぶだけではなく、すべての人に優しく対応するマインドを学びます。その研修で「公共交通機関で、積極的に優先席マークの方、高齢者、障がい者、妊婦、小さい子ども連れのお母さんなどに席を譲る人」とお聞きすると、「はい」と答えるのは10〜20％ぐらいです。ところが、高齢者や妊婦、車イスの疑似体験をした後、同じ質問をすると、まず100％の人が挙手をします。

　「他者のことなんか考えられない」のではなく、「考えていなかった」ことに気づきます。その体験で、いつか自分も高齢者になることに気づき、自分自身もやがて「他者から考えてもらう立場になる」ことにも気づくのです。

　後ろから来る人のためにドアを押さえておく、ベビーカーを押しているお母さんに手を貸すなど、30秒でできる親切がたくさんあります。自分の喜びのためにやってみてください。

あなたができる一日一善
1）
1）
1）
1）
1）
1）
1）

法則5 自然からエネルギーをもらう

　美しい自然に触れて、元気をもらいましょう。
　私が知っている、忙しくても元気な人は、必ずと言っていいほど自然に触れる趣味を持っています。その人たちは自然に触れるたびに「元気になる」と口々に言います。自然がエネルギーを持ち、それが伝わってくるのでしょう。そう思うと、自然を守ることは私たちにとって、とても大切なことだと思います。
　日本で最初の超高層ビルである霞が関ビルや、長崎のテーマパーク「ハウステンボス」を設計した建築家の池田武邦という先生がいらっしゃいます。
　ある冬の日、先生自身が設計された超高層ビルの50階にある自分のオフィスで仕事をしていた時のことです。そのオフィスは空調が整備され、先生はワイシャツ1枚で仕事をしていました。仕事を終え、エレベーターで地上に降りると、そこは真っ白な雪景色だったそうです。
　先生が思わずドアを開け、外の寒い外気に触れた瞬間、心地良く自然に溶け込む自分を感じ、「人間は自然の一部なんだ」と衝撃的に感じたそうです。近代技術文明の便利さと引き換えに、自然の偉大さを忘れていたことを思い知った瞬間でした。
　先生は1年の半分を佐世保の小さな岬のお社のような茅葺きの家で、奥様と暮らしています。いつも自然を感じる、海と一体になったような生活です。
　「畏敬の念をもって自然を大切にしないと、私たちの子孫の未来はない」と先生はおっしゃいます。
　ところで、「ハウステンボス」は自然環境循環型の施設だとご存じですか。先生は環境循環型社会を目指して「ハウステンボス」を設計されたそうです。
　私たちも自然の一部であることを自覚し、自分でできることを始めま

しょう。
　あなたの家から出る排水の行き先をイメージして、まずは洗剤の種類や食器の洗い方に配慮してみるのもいいでしょう。環境を考え、ゴミの分別をきちっとするなど、できることを始めると、自然の声が聞こえてきます。ガーデニング、散歩、山歩き、フィッシング……少しの時間でも、自然と親しみ、エネルギーをもらいましょう。

あとがき

　コミュニケーションがうまくいかなければ元気が出ません。このことは、誰でもが感じていることです。しかし、なぜコミュニケーションがうまくいかないのかを知っている人はそう多くはいません。
　こうしたこともあり、研修で自分を知っていただくために、よくＥＱ（情動指数）テストを実施します。
　ＥＱは「心の知能指数」ともいい、自己認知力（自分がわかっているか）、共感力（思いやりがあるか）、衝動のコントロール力（自制心があるか）、楽観性（物事の明るい面が見つけられるか）、社会的器用さ（協調性）、粘り強さなどの感情や性格を見るものです。現代社会で幸福感を感じて生きるには、このバランスが必要とされています。
　ＥＱテストのバランスは、印象にも表れます。与える印象が良い印象であれば、相手は安心しコミュニケーションは促進されます。反対に悪い印象であれば不安感や疑心暗鬼を生み、コミュニケーションギャップの引き金になります。
　最近、若い方のＥＱテストの結果が「衝動のコントロール力」のポイントが低い、つまり感情のコントロールの苦手な人が年々増えています。
　衝動のコントロールが苦手な人は、当然コミュニケーションギャップを引き起こしやすいのです。この本を参考に、ギャップを解決していただければと願っています。
　心理学者アルバート・メラビアン博士は、コミュニケーションの印象は「言葉７％、音声38％、その他が55％」との研究成果を発表しました。また、人類学者のルイバート・ウィステル博士は、説明や提案などのコミュニケーションにおいて、「言葉は35％、その他が65％の影響を与える」と発表しています。その他とは姿勢、音声、身だしなみや髪形、色、

ボディゾーン、距離、ボディランゲージ、タイミング、タッチングなどです。
　コミュニケーションとは決して部分ではないことを、この本をとおして理解してください。

　「誰でもできることを、誰もできないくらい徹底してやる。そうすると力になる」とは株式会社ローヤル（イエローハット）の鍵山秀三郎相談役の言葉です。
　コミュニケーションの要素も同じです。どれも、やってみれば誰にでもできることです。しかし、「なにか1つでも徹底してやる」ことは、なかなかできません。まず、1つのことから始め、徹底的にやってみることが必要なのでしょう。努力し始めると、やがて力になります。

　本書第2章の音声や言葉に関しては、講師の高良竜子と進めました。言葉に関する本はたくさんありますので、私たちがお会いする受講者に、必要最小限マスターしてほしい内容に絞りました。また、第2章のボディランゲージと第3章の生活環境の管理・5S（整理・整頓・清掃・清潔・躾）に関しては、講師の野元朋子とやり取りしながら執筆しました。
　高良竜子、野元朋子の2人とは、20年以上一緒に仕事をしてきました。2人の能力と支えなしには本書は完成しませんでした。心より感謝しています。
　第3章の「お金の管理」は、ファイナンシャルプランナーの多田羅雅子さんにお願いしました。多田羅雅子さんとは、私の最初の著書『快適な老後のための7つのヒント』が縁で知り会いました。事務所を構え、ファイナンシャルプランの作成や相談を受け付けている数少ないプロフェッショナルです。快く引き受けてくださり感謝しています。
　挿絵を描いていただいた入江千春さんは、『快適な老後のための7つのヒント』の挿絵をお願いしたことがきっかけでプロになった方です。

あとがき

イラストや季節のディスプレイ作品を作製すると同時に、昭和30年代の人形を灯りのある背景と共に創る「灯り絵人形作家」としても注目されています。今回は、今までとは異なるタッチの絵の才能も発揮され、本当に嬉しく、感謝しています。

　前著の『快適な老後のための7つのヒント』で執筆し推敲もお手伝いいただいた服部美江子さんは、その前年に日本銀行作文コンクールで受賞されましたが、2007年にも日本経済新聞社のエッセイ・コンテストで受賞されました。今回も推敲をお手伝いいただき、服部さんの協力なしではこの本の完成はありえませんでした。心より感謝しております。

　海鳥社西俊明社長には、たくさんのわがままを聞いていただきました。お手数と包容力に心より感謝申し上げます。

　「10年前の教育が、今花開いています」と書かれた年賀状が届きました。「はじめに」で紹介した研修を担当していた方からです。今考えれば、10年以上前に「ストレスを軽くするためのコミュニケーション研修」を実施したことは画期的なことでした。改めてその決断に感謝いたします。

　たくさんの感謝とともに、この本が1人でも多くの方に元気を与えることを祈っています。そして、1人の元気が同僚に、会社に、ご家族に、ご近所に、そして地域に波及することを願っています。

　2008年5月9日

秋月枝利子

参考文献
『ＥＱ　こころの知能指数』ダニエル・ゴールマン著、土屋京子訳、講談社、1996年
『こころの知能指数　ＥＱテスト　本当の自分をさがす本』袰岩奈々著、ベストセラーズ、1997年

本書で紹介した機関のホームページ
　EQ Japan　　　　http://www.eqj.co.jp/solution/abi_eqi.htm
　　ここでＥＱの診断ができます。
　すばるクリニック　　http://www.subaru-clinic.jp/
　ＮＰＯ法人 日本クリニクラウン協会　http:///www.cliniclowns.jp
　中原和彦　ヘルスアートクリニックくまもと
　　　http://healthart-clinic.net/newinchouaisatu/newinchouaisatutop.html
　財団法人日本心身医学協会　http://www.chipchat.ne.jp/self/
　社団法人公開経営指導協会　ユニバーサル・サービス研修他
　　　http://www.jcinet.or.jp/04/index.html

協力いただいた方々
　皆川剛志　皆川鍼灸スポーツマッサージ療院
　　福岡市博多区店屋町３－32　中村ビル２Ｆ
　白石恭子　みんなでつくろう「童話・唱歌コンサート」実行委員会代表
　　大分県玖珠郡玖珠町大字塚脇431－２　電話・fax　0973（72）2716

執筆
　多田羅雅子　第３章「お金の管理」執筆
　　1998年、金融機関勤務を経て独立。ファイナンシャルプランナーとして「お金のホームドクター」を担う有限会社ティムを設立、代表取締役に就任。コンサルティング業務、金融のセミナーを主催し、法人向けに、福利厚生制度、退職金制度の導入コンサルティングなどを行っている。http://www.tim-fp.com

有限会社秋月オフィス　http://www18.ocn.ne.jp/~akizuki/

秋月枝利子（あきづき・えりこ）
フードサービス業，人材派遣業の営業，教育担当を経て社員教育コンサルタントになる。「良い仕事は良い人生につながる」をモットーに，接遇教育，ホスピタリティ教育，管理者教育など幅広い人材育成を実施する。著書に『40歳を過ぎたら考えたい　快適な老後のための７つのヒント』海鳥社，2002年『ユニバーサルサービス検定試験テキスト』（ホスピタリティの定義，ユニバーサルデザイン，ユニバーサルサービスの実践を執筆）社団法人公開経営指導協会（共著）がある。現在，有限会社秋月オフィス代表取締役。

元気になる！コミュニケーション術
■
2008年６月27日　第１刷発行
■
著者　秋月枝利子
発行者　西　俊明
発行所　有限会社海鳥社
〒810-0074　福岡市中央区大手門３丁目６番13号
電話092(771)0132　FAX092(771)2546
印刷・製本　有限会社九州コンピュータ印刷
ISBN 978-4-87415-674-2
http://www.kaichosha-f.co.jp
［定価は表紙カバーに表示］